EL
CORREDOR
QUE LLEVAMOS DENTRO

EL
CORREDOR
QUE LLEVAMOS DENTRO

Correr como una filosofía de vida

JASON R. KARP

Traducción:
María Laura Paz Abasolo

Grijalbo

El corredor que llevamos dentro
Correr como una filosofía de vida

Título original: *The Inner Runner*
Running to a More Successful, Creative, and Confident You

Primera edición: marzo, 2018

D. R. © 2017, Jason R. Karp, Skyhorse Publishing, Inc.
Todos los derechos reservados. Publicado por acuerdo con Skyhorse Publishing Inc.

D. R. © 2018, derechos de edición mundiales en lengua castellana:
Penguin Random House Grupo Editorial, S. A. de C. V.
Blvd. Miguel de Cervantes Saavedra núm. 301, 1er piso,
colonia Granada, delegación Miguel Hidalgo, C. P. 11520,
Ciudad de México

www.megustaleer.com.mx

D. R. © María Laura Paz Abasolo, por la traducción

ISBN: 978-607-316-290-6

Impreso en México – *Printed in Mexico*

El papel utilizado para la impresión de este libro ha sido fabricado a partir de madera procedente
de bosques y plantaciones gestionadas con los más altos estándares ambientales, garantizando
una explotación de los recursos sostenible con el medio ambiente y beneficiosa para las personas.

Penguin
Random House
Grupo Editorial

A mi padre, Monroe, porque sus largas zancadas al caminar me hicieron correr para poder alcanzarlo. Y a mi madre, Muriel, quien siempre me impulsó para perseguir mis sueños. Ambos están conmigo en cada paso que doy. En memoria de mis padres, 10 por ciento de la ganancia de cada libro vendido se donará a la Asociación Americana del Corazón, en nombre de mi padre, y a la institución Susan G. Komen por la cura, en nombre de mi madre.

ÍNDICE

PRÓLOGO

"Me demostré a mí mismo y al mundo que todo ser humano puede ir más allá de cualquier limitación cuando realmente se concentra y ama el deporte." Esta frase la dijo Eliud Kipchoge, el mejor maratonista de nuestros días procedente de Kenia, después de intentar romper la barrera de las dos horas en la distancia de 42.195 kilómetros en mayo de 2017, en el circuito de F1 de Monza en Italia. En este intento, el medallista olímpico cruzó la línea de meta en un tiempo de 02:00:25. No logró romper la barrera de las dos horas, pero acercó a todos los corredores del mundo a sólo 25 segundos de conseguirlo, dicho en sus propias palabras.

Correr no es sólo un deporte, es una disciplina que se ha practicado desde los inicios de la existencia del hombre. El ser humano en sus orígenes corría para huir de algún peligro y, a su vez, para perseguir animales con los que pudiera alimentar a su comunidad. Ha corrido para desplazarse de un lugar a otro con la finalidad de conocer nuevos lugares, crear rutas y llevar mensajes de un lugar a otro. El mismo Filípides corrió de Maratón a Atenas para anunciar la victoria de los griegos sobre los persas; este acontecimiento fue el que dio nombre a lo que hoy conocemos como maratón.

En *El corredor que llevamos dentro*, Jason R. Karp nos explica por qué correr es una práctica que todos debemos de realizar. Correr nos ayuda a tener una vida más plena por todos los beneficios psicológicos, emocionales, sociales y espirituales que su práctica conlleva. Desarrolla nuestra creatividad, imaginación, confianza y salud. Correr es un deporte que, sin duda, nos hace sentir mejor. El bienestar que produce la liberación de las famosas endorfinas, aquellas hormonas conocidas también como la "droga de la felicidad" para los deportistas, se filtra en todos los ámbitos de nuestra vida diaria; con la familia, el trabajo y la sociedad en general. Correr de forma habitual te convierte en una mejor persona, te ayuda a ser más respetuoso contigo y con el entorno.

Lo sabemos, levantarse a correr puede ser difícil —y excusas siempre habrá—. Sobre todo en invierno, cuando escapar de las cobijas para adentrarse en el frío a veces nos lleva a pensar que estamos locos y que no tenemos ninguna necesidad de salir a "sufrir". Para quienes corren por la tarde, cualquier motivo derivado de no haber terminado con las responsabilidades del día es bueno para postergar el entrenamiento, o incluso para cancelarlo. Por ello es muy importante establecer objetivos. Así es más probable que logremos la disciplina necesaria para que correr se convierta en un hábito. Puede ser que te estés preparando para una carrera en la que buscas mejorar tu tiempo o en la que simplemente quieres cruzar la meta para sentir esa satisfacción de haberlo conseguido. Puede ser que tengas un tema personal o profesional importante en el día y correr te ayude a enfrentar mejor esos momentos. Quizá sólo lo haces por el simple hecho de sentirte una persona saludable. Sea cual sea tu objetivo, es muy importante que lo tengas claro y lo utilices como un impulso para ponerte los tenis.

En lo personal, mi motor para salir a correr es pensar en la siguiente competencia. Esa motivación por ser mejor cada día y lograr superarme en cada carrera le da mucho sentido a mi vida.

Cada persona que cruza una línea de meta, sin importar la distancia de la carrera, tiene una historia detrás. Cada quien decide hacer una carrera por una razón particular, ya sea de 5 kilómetros, 10 kilómetros, medio maratón, maratón o ultra. La meta u objetivo que te propongas para el día de la carrera es donde yo encuentro la clave para lograr la disciplina. Si tu intención no es inscribirte a una carrera, debes tener muy claro qué es lo que te motiva a ponerte un par de tenis. Como Karp bien destaca en este libro: "Si tienes un objetivo real y comprendes lo que es importante para ti, pronto descubrirás que no tienes problemas para incluir todo en tu agenda". Si algo he aprendido a través de años y años de entrenamiento es que cuando tengo claras mis metas, tomar decisiones me cuesta menos trabajo. No importa qué tan pequeña sea la disyuntiva, entrenar para lograr mi objetivo se antepone a la comida, el desvelo, el exceso de trabajo o los compromisos sociales.

Correr es una alegría y es parte de mi vida. Corro porque lo disfruto, porque corriendo entro en un "estado de meditación en movimiento" a través de la conexión de cuatro elementos clave: la concentración, la atención a mi cuerpo, la respiración y la relajación. La paz interior tras el "estado de meditación en movimiento" es el motor para mis acciones diarias. Cada día salir a correr es diferente y cada día hay una nueva experiencia donde lo único que siempre se mantiene es esa satisfacción y sentimiento de felicidad.

Llevo tantos años corriendo que ya no puedo identificar cómo me ha cambiado la vida. Lo que sí puedo decir es que correr me permite conectar conmigo y me lleva a intentar ser una mejor persona día con día: alguien respetuoso y tolerante con la sociedad, el entorno y el planeta. Corriendo puedes valorar la importancia estar sano y sentir la libertad de moverte de un lugar a otro.

El campo, la montaña y la playa son lugares maravillosos para correr y conectar con la tierra. Correr en la ciudad te ayuda a saber en dónde estás parado. Ver el amanecer o el atardecer corriendo te hace agradecer al sol por darnos un día más de luz y felicidad.

Este libro no es sólo para quienes buscan empezar a correr o ser mejores corredores. Este libro es para quienes buscan ser mejores personas. Con una serie de ejemplos cotidianos, que involucran a conocidos y amigos de Jason R. Karp, sin dejar de lado el sustento científico, *El corredor que llevamos dentro* es sin duda una gran lectura para quienes buscan desarrollar la mejor versión de sí mismos.

JAVIER CARVALLO CHINCHILLA
Director del Maratón de la Ciudad de México

PREFACIO

corredor

[co-rre-dor]

sustantivo

Un animal que avanza con velocidad al mover
sus patas más rápido que al caminar, de tal
manera que, a cada paso y durante un instante,
ninguna de sus patas toca el suelo.

Correr es una de las actividades físicas más antiguas.
Mucho antes del inicio de la civilización moderna,
nuestros ancestros corrían a través de bosques y
llanos, persiguiendo animales para alimentar a sus familias.
Correr, y ser capaces de correr mucho y rápido, era muy importante.

Milenios después, nos ha fascinado correr (precedido por
caminar), lo que se ilustra, por ejemplo, con la alegría de los
padres al ver a su hijo dar los primeros pasos. La habilidad de
un niño para caminar se considera tan importante que etique-
tamos este momento como un parteaguas y documentamos
el día exacto en que dio su primer paso. Esta habilidad para
caminar, y eventualmente correr, provoca todavía más alegría
en los niños cuando descubren la libertad que les confiere. Todos hemos visto sus sonrisas cuando corretean en un parque.

Muchos de esos niños empiezan a jugar deportes organi-
zados y, en la mayoría, correr es fundamental. Casi todos los

deportes requieren que corramos al menos un poco, y para los que no —como el golf, el buceo y el hockey—, correr es parte importante de un entrenamiento efectivo para la salud del atleta. Ve a cualquier campus universitario y no tardarás en descubrir que los estudiantes con mejor condición aeróbica son los corredores del equipo de campo traviesa, y que los estudiantes con mejor condición anaeróbica son los velocistas y los saltadores de altura del equipo de atletismo.

Muchos entrenadores de otros deportes hacen que sus atletas corran porque reconocen su efectividad para mejorar la condición física. Desafortunadamente, algunos entrenadores y maestros tradicionalistas de educación física usan las carreras como una forma de castigo, haciendo que los estudiantes corran varias vueltas o "carreras suicidas" en las canchas de basquetbol, en lugar de hacerlos correr como una forma de mejorar su condición y enseñarles a lidiar con las molestias. Todos los atletas pueden aprender muchísimo si corren.

Al ver a los niños pequeños corretear en el parque, es evidente que algo especial sucede cuando nos movemos con dos piernas. De hecho, es una forma de movimiento que distingue a los humanos de entre la mayoría de los animales. Son muchos los científicos que estudian el acto de correr desde todos los ángulos posibles: fisiológico, bioquímico, anatómico, biomecánico, médico, psicológico, evolutivo, cognitivo y emocional. No sólo es singular correr sobre dos pies, sino la forma en que los humanos pensamos sobre correr y sobre nosotros como corredores.

La razón de que los humanos seamos los únicos animales que piensan sobre correr es, por supuesto, el tamaño y la complejidad de nuestro cerebro. A diferencia de incluso nuestros ancestros mamíferos más cercanos —monos y simios—, los humanos tenemos la habilidad de mirar hacia el interior y pensar sobre nosotros, sobre nuestro lugar en el mundo y sobre cómo mejorar. A diferencia de otros animales, estamos conscientes de nuestra mente, de nuestro espíritu y de nuestras propias emociones, y eso nos da un poder y una responsabilidad tremendos.

Si le pidiéramos a los campos de educación física y ciencia del ejercicio que inventaran un eslogan, uno de los favoritos probablemente sería un verso del poeta romano Juvenal: *"Mens sana in corpore sano"*, mente sana en cuerpo sano. De hecho, muchos corredores apoyan al parecer este sentimiento con un celo tal, que raya en el fanatismo.

Para mí, el fanatismo empezó hace 32 años, durante las pruebas presidenciales de acondicionamiento físico en quinto de primaria. Dos de las pruebas eran una carrera de velocidad de 45 metros y una carrera de 600 metros. Corrí la de 45 en 7.3 segundos y la de 600 en 2.01 minutos. Descubrí que tenía talento, aunque no fuera el más rápido de mi clase. Pero estaba cerca. También descubrí la libertad que me daba correr. No sabía entonces cuánto cambiaría mi vida, pero me había convertido en corredor y no había vuelta atrás. Algunos procesos, cuando comienzan, son imposibles de detener.

No pasó mucho tiempo hasta que, durante una inocente carrera alrededor de la pista en sexto año, con el equipo de secundaria, descubrí que correr podía ser físicamente molesto. A la mitad de la curva final de esa carrera de 400 metros, sentí algo, algo que también cambiaría mi vida. Su nombre, como aprendí más tarde, era lactato. Mientras seguía corriendo por la pista ese día, me tentaba con su poder, jalando la rienda, con suavidad al principio, luego más duro a cada momento. Más y más duro. Para cuando llegué a la meta, había tomado por completo el control de mi cuerpo con su éxtasis. Ya no podía moverme. Fue amor a primera vista. Mi amorío con correr y con los lactatos ha continuado durante todos estos años.

Correr puede ser sencillo, pero también es extremadamente complejo porque los seres humanos somos complejos, y eso es lo que hace que correr sea tan interesante. Nos permite mirar hacia el interior, hacia ese corredor que llevamos dentro, descubrir quiénes somos realmente y aceptar el reto de encontrar a nuestro verdadero yo. Algunas veces descubrimos cosas que no queremos saber. No siempre que corro en una competencia cruzo la meta sintiendo que di todo lo que tenía. Ha habido muchas veces en que me he sentido culpable, sabiendo que pude haber hecho algo más en esa carrera y no lo hice. Me molesta porque siento que me fallo a mí mismo. Algunas veces eso sucede en la vida. Nos fallamos a nosotros mismos. Pero al igual que en la vida, muchas veces tenemos otra oportunidad.

Muy pocas veces en la vida nos enfrentamos a momentos tan decisivos. Cada vez que te acercas a la línea de salida en una carrera, sabes que enfrentarás uno. Provoca un poco de ansiedad, lo que explica por qué los corredores van varias veces al baño momentos antes de empezar una carrera.

En casi todo, incluyendo mi relación personal con el baño, correr ha definido mi vida. Cada aspecto de ella de alguna manera está influido por el hecho de ser un corredor. Cuando hablo, cuando escribo, cuando entreno y, por supuesto, cuando corro. Todo lo que hago, cómo me comporto, todo está influido por correr. No hacerlo significa no ser yo. Es increíble que millones de otros corredores se sientan igual. ¿No sería fantástico si todos los corredores pudieran articular los pensamientos y sentimientos que experimentan en sus carreras, y en lo que se convierten cuando corren? En *El corredor que llevamos dentro* intento hacer justamente eso. ¿Por qué tantas personas se sienten atraídas por correr? ¿Por qué tiene tal impacto en mí y en tantos otros? ¿Qué tiene el acto de correr que da poder a tanta gente? ¿Y cómo pueden los corredores emplear ese poder para crear una vida más significativa? *El corredor que llevamos dentro* responde estas preguntas y muchas otras. Escribí todo un libro para explicarme las respuestas a estas preguntas.

Sin importar qué tan larga sea mi lista de pendientes, cuánto estrés sienta o cuánta ambición tenga, cuando estoy afuera corriendo, nada importa. Todo se detiene, el trabajo, el estrés, los pendientes, las relaciones, todo. Correr es mi tiempo "para mí", y todo y todos pueden esperar. No hay otro lugar donde prefiera estar. No me siento mal por ello y no pido disculpas por ello. Hay muy pocas cosas en la vida, en serio *muy* pocas, que pueden impedirme correr, que me quiten ese tiempo "para mí". Sólo somos el camino y yo, sólo la pista y yo, o sólo el sendero y yo. Soy yo y mi conciencia, soy yo y mi subconsciente. Soy yo y mi sudor, soy yo y mi esfuerzo. ¿Qué tanto me esforzaré hoy? ¿Qué me espera al correr?

Muchas personas, especialmente quienes no corren, no están conscientes de cómo correr afecta nuestra vida por completo. Afecta la vida de formas a la vez obvias y sutiles. La obvia por supuesto es que correr nos vuelve más saludables, nos da piernas bien formadas y nos coloca entre las personas con mejor condición aeróbica en el mundo. La sutil, aunque es menos obvia por definición, no es menos importante. Correr me ha enseñado cómo triunfar, cómo fallar, cómo ganar y cómo perder. Me ha enseñado disciplina. Me ha enseñado devoción. Me ha enseñado cómo luchar por las cosas que quiero. Me ha enseñado que es mejor si trabajo duro si quiero triunfar. Me ha enseñado a ser paciente (¡aunque sigo trabajando en ello!). Me ha enseñado que no siempre obtengo lo que quiero. También puedo enseñarte esas cosas. Realmente espero que correr te llene de la forma en que me llena a mí cada día de mi vida, para que tú también puedas descubrir quién eres y en lo que puedes convertirte.

Además de los múltiples beneficios físicos documentados que tiene correr (y en verdad son tantos que sería justo decir que correr es básicamente lo mejor que puedes hacer para tu salud), tiene numerosos beneficios psicológicos, emocionales, cognitivos y espirituales. (Algunos corredores de ultramaratón —quienes corren distancias muy largas—, dicen que incluso han encontrado a Dios cuando corren). Este libro explora muchos de esos beneficios, hasta llegar a tu cerebro.

El corredor que llevamos dentro no es sobre cómo correr 5 kilómetros más rápido o cómo entrenar para un maratón en 20 semanas. Hay suficientes libros para eso, incluyendo algunos míos, pero ninguno da en el clavo, incluyendo los míos. Al final, correr no es sobre hacerlo más rápido; no para la mayoría de nosotros de todas formas. Volverte más veloz es el resultado. Correr no es sobre resultados. Es sobre un proceso muy especial, incluso sagrado, que mezcla lo físico con lo filosófico, lo egoísta con lo emocional. Es así que este libro toma una perspectiva diferente de correr, examinando cómo es que correr afecta cada parte de nuestra vida y cómo todas esas partes están conectadas íntimamente entre sí y con la persona. Explora lo que significa ser un corredor, cómo el simple hecho de poner un pie enfrente del otro te ayuda a volverte una mejor persona y te da un camino hacia una vida más significativa, más creativa, más imaginativa, más productiva, más segura, más sana y más exitosa. *El corredor que llevamos dentro* es a la vez sobre la vida y sobre correr.

Aunque los prefacios parecen ser el principio de los libros, usualmente se escriben al final, después de que el autor tuvo tiempo para reflexionar sobre lo que ha escrito. El concepto de *El corredor que llevamos dentro* empezó en un entrenamiento que encabecé a la par de una conferencia de la industria del ejercicio en 2011. Me llevé a algunos participantes a correr por la reserva estatal Torrey Pines, en La Jolla, California, para hablar sobre los aspectos emocionales y filosóficos de correr. Desde esa primera conferencia he hecho el entrenamiento algunas otras veces en diversos lugares en Estados Unidos y el mundo, intentando en cada ocasión acercarme más al significado de lo que intentaba expresar. Después de que una amiga experimentara la sesión de entrenamiento en una de esas conferencias, dijo: "¿Sabes?, deberías escribir un libro al respecto".

Cuando empecé la aventura de escribir este libro quise capturar la esencia de esos entrenamientos, pero no sabía mucho de lo que quería escribir. Quería que fuera una experiencia, no sólo para el lector, sino para mí. Como escribió el teórico social y filósofo Michel Foucault: "Si tuviera que escribir un libro para comunicar lo que ya he pensado, nunca tendría fuerza para comenzarlo. [...] Cuando escribo, lo hago sobre todo para cambiarme a mí mismo y no pensar igual que antes".

Mientras reflexiono sobre lo que escribí en las páginas siguientes e intento encontrarle sentido a todo, puedo decir honestamente que no pienso igual. Me siento humilde ante lo que correr significa realmente y lo que en realidad hace por nosotros. Para muchos, correr es un camino hacia experiencias y emociones que no siempre se pueden articular. Muchas veces es difícil explicar con palabras cómo me siento cuando estoy en una carrera o cuando algún corredor que yo entrené tiene un avance. Es un sentimiento muy profundo. He intentado articular en estas páginas lo que significa experimentar eso que correr nos da, cómo nos moldea hacia volvernos mejores personas, profundamente conscientes, así como los kilómetros y los entrenamientos de intervalos nos moldean para ser corredores más veloces y resistentes. Algunas veces creo que tuve éxito al expresar esas cosas; otras veces, siento que todavía estoy lejos. Los corredores comparten un secreto que no puede expresarse fácilmente: uno no se vuelve corredor y luego corre. Uno corre y corre y corre, y luego empieza a comprender lo que significa ser corredor. A veces no existe una forma enteramente satisfactoria de articular eso. Debe sentirse.

¿Por qué corremos?

Es una de las pocas cosas en la vida que me parecen verdaderamente justas.

Dos años antes de correr en las pruebas de maratón para el equipo olímpico de 2008, en Nueva York, Jon Little entrenaba en Kansas City, Misuri, donde estudiaba leyes. Regularmente corría entre 145 y 160 kilómetros a la semana, una vez sobrepasó los 190. Corría dos veces al día, casi diario, mientras hacía malabares con sus clases de razonamiento jurídico y procedimiento civil. Su alarma sonaba a las 5:30 a.m. para salir a correr.

Cuando sonaba, Jon no ignoraba la alarma, como hacen muchos otros. En cambio, se rodaba fuera de la cama y se dejaba caer contra el duro suelo de madera. Era su ritual cotidiano para despertar y obligarse a correr antes de ir a clase. "Una vez que golpeaba el suelo, sabía que no volvería a la cama", dice escuetamente. Estaba oscuro y la temperatura era de -6 °C afuera.

¿Por qué Jon hizo esto cada día de su vida? Definitivamente, no lo necesitaba. Ya estaba en camino de convertirse en abogado. En la preparatoria corría 1 600 metros en 4:19 minutos y 3 200 metros en 9:42, y entrenó con dos equipos universitarios en la primera división de la Asociación Nacional de Atletismo Colegial, con tiempos de 8:25 en 3 000 metros y 14:45 en 5 000 metros, marcas excelentes para cualquier corredor. Pudo haber guardado sus tenis después de graduarse de la universidad o continuar corriendo como diversión para mantenerse sano y cuerdo mientras pasaba incontables horas en la biblioteca jurídica. Definitivamente no necesitaba levantarse a las 5:30 a.m. cada día para correr más de lo que había corrido antes.

¿Por qué corremos? Depende de a quién se lo preguntes. Si se lo preguntaras a alguien que no corre, podría decir: "Estás loco. No deberías correr, es malo para tus rodillas".

Si le preguntaras a un zoólogo por qué corremos, podría decir que corremos porque somos animales y los animales evolucionaron para hacerlo. Correr es esencial para la vida de un animal. Corren para cazar, corren porque los están cazando a ellos, corren para jugar, corren por pánico e incluso corren para flirtear y presumir frente a otros miembros de su misma especie. El zoólogo podría estar en lo correcto: en cualquier patio de escuela, los animales humanos presumen su velocidad cuando los niños juegan carreras durante el recreo.

Si le preguntaras a un fisiólogo por qué corremos, podría decir que corremos porque tenemos cuerpos para ello: corazones para correr, pulmones para correr, músculos para correr, huesos para correr, glándulas para correr. Sin una larga lista de ancestros corredores, estas estructuras corporales no serían lo que son ahora y no funcionarían como lo hacen. El *homo sapiens* es un animal terrestre.

A lo largo de una gran historia racial, el *homo sapiens* ha tenido que depender de sí mismo cuando ha querido ir a algún lado, y algunas veces quería llegar allí deprisa. Tenía que correr y, al hacerlo, se volvió un hombre que corre. Si sólo hubiera caminado, ahora sería un tanto diferente físicamente.

Su corazón nunca habría alcanzado el máximo volumen sistólico de 200 mililitros de sangre, ni el máximo ritmo cardiaco de 190 o más latidos por minuto que el corazón de un corredor adulto joven, entrenado, puede alcanzar. Sus músculos nunca habrían desarrollado los 95 000 kilómetros de capilares que los rodean como telarañas intrincadas para hacer llegar el oxígeno. Sus pulmones nunca habrían desarrollado una pared tan delgada para englobar un área tan grande, que se convirtiera en el medio perfecto para el intercambio de oxígeno y dióxido de carbono. Sus glándulas endocrinas nunca se habrían vuelto eficientes productoras de sudor para permitir una rápida evaporación y la habilidad de permanecer templados en ambientes muy calurosos. El fisiólogo podría argumentar que nuestro cuerpo está exquisitamente creado para correr, sobre todo largas distancias.

Si le preguntaras a una persona con sobrepeso por qué corremos, podría decir que lo hacemos porque es la mejor manera de quemar calorías y perder peso, y estaría en lo correcto. Las investigaciones muestran que, en un análisis minuto a minuto, correr quema más calorías que cualquier otra actividad física, con la posible excepción del esquí de fondo, y dado que la naturaleza de sobrecarga que hay en el acto de correr es peligrosa para un cuerpo con sobrepeso, correr tiene el efecto de eliminar el peso rápidamente para proteger las articulaciones de cualquier daño. Así que, si quieres perder peso en poco tiempo y mantenerte así, vale la pena convertirte en un corredor, o al menos en alguien que corre.

Si le preguntaras a un historiador por qué corremos, podría decir que lo hacemos porque correr se encuentra en las profundidades de nuestra historia social. Las competencias de carreras más antiguas datan de alrededor del año 2035 a. C., en Sumeria. En la antigua Grecia, comúnmente reconocida como la cuna del deporte competitivo, correr era un atributo físico que se tenía en alta estima. La mayoría de los corredores están familiarizados con la legendaria carrera del mensajero griego Filípides, desde el campo de batalla en Maratón, hasta el mercado en Atenas, para anunciar la victoria del ejército griego. De ese episodio en Grecia tomamos el nombre de la carrera que se ha convertido en un elemento popular en las listas de propósitos de año nuevo. Pero Filípides no es el único corredor histórico. Todos los pueblos antiguos tienen historias similares de grandes carreras. La civilización inca no tenía caballos ni otros animales como transporte veloz. Los mensajes se enviaban con relevos, y cada uno corría alrededor de 2 kilómetros de distancia, cargando cuerdas anudadas para recordar los detalles que debían transmitir de boca en boca. El extenso sistema de caminos sin pavimentar a lo largo del inmenso territorio inca —22 000 kilómetros en total— estaba hecho para recorrerse enteramente a pie, en especial corriendo. Muchas de estas carreras debían ser a 3 000 metros o más de altura, sobre los Andes, una elevación perfecta para el desarrollo de la resistencia aeróbica.

Si le preguntaras a un sociólogo por qué corremos, podría decir que corremos para satisfacer la necesidad básica de autorrealización que tiene la sociedad, al igual que en las artes y en la exploración de la tierra, del cosmos y del espacio interior del individuo. Cada sociedad sólida debe tener un cimiento de lo que puede llamarse "energía moral", del valor y la voluntad de empezar y continuar el desarrollo de las energías y los talentos hacia lograr su mayor potencial, a pesar del miedo al peligro, al cansancio, al ridículo y al fracaso. Tan poco importante como pueda parecer el acto de correr en nuestra sociedad, ¿qué actividad más disponible, más sana, de mayor desarrollo y más satisfactoria tenemos para cumplir con esta necesidad universal de autoafirmación?

Si le preguntaras a un psicólogo por qué corremos, podría decir que lo hacemos porque es satisfactorio, porque es tan efectivo —si no es que más— como una prescripción médica para mejorar los síntomas de la depresión, porque afecta nuestro cerebro y nuestra mente en formas que todavía seguimos estudiando, y porque da un sentido de logro por sí mismo. Podría hacer referencia a la teoría de la autoeficacia de Albert Bandura y decirnos que correr aumenta y refuerza la confianza en nuestras propias capacidades, además de hacernos sentir mejor sobre nosotros mismos.

Si le preguntaras a Roger Bannister, el primero en correr 1 600 metros en menos de 4 minutos, por qué corremos, podrías encontrar su respuesta entre las páginas de su libro, *The Four-Minute Mile*: "Encuentro una profunda satisfacción en correr —ya sea que gane o pierda—, que no puedo expresar de ninguna otra forma... Algunas veces pienso que correr me ha dado un vistazo de la más increíble libertad que un hombre puede llegar a tener, pues resulta en la simultánea liberación del cuerpo y de la mente".

Si le preguntaras a un teólogo por qué corremos, podría decir que corremos por razones espirituales, que a través de nuestro esfuerzo físico nos acercamos más a Dios. Cuando Dios creó a Adán y a Eva, les dio cuerpos y una biología adecuada para correr, y cuando corremos, glorificamos a Dios al vivir de la forma que pretendía. El teólogo indicaría también que la Biblia tiene un gran número de referencias al acto de correr, como en el libro de los Hebreos (12:1): "[...] y corramos con perseverancia la carrera que tenemos por delante".

Si le preguntaras al doctor George Sheehan, el difunto cardiólogo y filósofo de carreras —a quien tuve el privilegio de conocer en una carrera de 10 kilómetros en Asbury Park, Nueva Jersey, en 1993— por qué corremos, su respuesta bien podría ser la más sabia hasta ahora: "Corro para no perder el yo que fui ayer y el yo que seré mañana".

Si le preguntaras a un taxista griego en Rosemont, Illinois, por qué corremos, su respuesta podría sorprenderte. En la primavera de 2007 estaba sentado en la parte de atrás de un taxi en Rosemont, en las afueras de Chicago. Estaba ahí para dar una conferencia sobre la industria del ejercicio. Traía mis tenis y mi ropa para correr, pues planeaba participar en una carrera en el parque Grant de Chicago mientras estaba ahí. No tenía auto, así que me levanté un poco más temprano y tomé un taxi desde el hotel hasta el parque. Cuando me subí, frotando mis ojos para despejarme, el taxista me preguntó con un acento que no pude distinguir: "¿Adónde vas?".

"Al parque Grant, en Chicago", respondí. "Voy a una carrera".

El taxista de inmediato se emocionó. "¡Cuando estaba en Grecia solía correr por todo el país!", exclamó, sonando como si ya se hubiera tomado tres tazas de café. "Correr es una gran forma de ver el campo en Grecia. Cuando corres, todo es perfecto". No esperaba escuchar algo tan profundo a las seis de la mañana en un domingo, dentro de un taxi en Rosemont, Illinois, pero así fue. *Cuando corres, todo es perfecto.* Ese día, en ese taxi, un taxista cualquiera de Grecia dijo algo que recordaré el resto de mi vida. Comparto sus palabras cada vez que hablo en público sobre correr.

Si le preguntaras a Jon Little, el estudiante de leyes que entrenaba para las pruebas del equipo olímpico de Estados Unidos, quien se despertaba cayendo contra el suelo cada mañana, por qué corremos, diría: "Corro porque es una de las pocas cosas en la vida que me parecen realmente justas. No hay dinero ni conexiones políticas o familiares que puedan comprar la condición o el éxito en una carrera. Corro porque lo disfruto: disfruto ver mi cuerpo mejorar, disfruto escuchar a mi cuerpo mientras corro, disfruto el sentimiento tan conmovedor que me embarga después de un gran esfuerzo. Corro porque lo amo".

Si me preguntaras por qué *yo* corro, como muchos me han preguntado antes, podría decir que parece una pregunta simple, pero no es tan fácil de responder. Podría decir que corro porque me hace estar sano. Podría decir que me gusta el reto. Podría decir que corro para prevenir el ataque cardiaco del que murió mi padre a los 51 años. Todas esas razones son ciertas, pero ninguna es la correcta. Podría responder la pregunta proponiendo una, como mis hermanos judíos tienden a hacer: ¿Por qué un pianista toca el piano? ¿Por qué pinta un artista? ¿Por qué un escritor escribe?

La verdad es que he estado corriendo durante tanto tiempo que no cuestiono por qué. Sólo lo hago. Seis días a la semana, cada semana. No sé cómo *no* correr. Mi vida no puede ser de otra manera. Correr es mi sustento. Es mi compañía, mi mejor amigo, que está ahí cada día para que hable con él, para encontrar su apoyo, para sacar fuerza de él. Mi madre, viuda durante 29 años, siempre dijo algo sobre mi padre: "Me daba la fuerza para ser yo al día siguiente". Supongo que eso es lo que correr hace por mí.

Finalmente, si le preguntaras a un maestro zen por qué corremos, podría no decir nada, sólo empezaría a correr. Tal vez, ésa sería la mejor respuesta de todas.

Es imposible comprender los innumerables factores que pueden motivar y realmente motivan a una persona a correr. Nunca hay sólo una razón que pueda aislarse exclusivamente

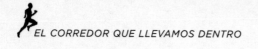

como la responsable. Corremos por una hermosa variedad de razones complejas, limitadas sólo por nuestra habilidad de comprenderlas. Corremos porque podemos hacerlo.

Carreras saludables

Se estaba convirtiendo en un ejemplo de la primera
ley de Newton: un cuerpo en reposo permanece así a
menos de que una fuerza externa actúe sobre él. Yo
intenté ser esa fuerza externa para mi madre.

En Anchorage, Alaska, Sabrina Walker, de 28 años, sale a correr. Hace frío, como lo esperaría cualquier corredor de Alaska; alrededor de -7 °C ese día. Una nieve suave cubre el suelo. Mientras comienza a dar sus primeros pasos, su respiración es notablemente sonora. Tiene una tos húmeda crónica y a veces suena sibilante, como si tuviera un terrible resfriado o neumonía. Por lo general le toma alrededor de 5 o 10 minutos recuperar el aliento y encontrar un ritmo de respiración que le ayude a correr. La gente suele voltear a verla porque se escucha como si le faltara el aire. "Probablemente piensan que debería pararme y caminar un poco", bromea.

A pesar de la tos y el silbido, prefiere correr en temperaturas frías que calientes, pero si se sitúa por debajo de -9 °C, corre en un gimnasio. "Crecí en Alaska, así que ya me acostumbré al frío", dice. "Nuestro cuerpo es muy adaptable, y me he dado cuenta de que mis pulmones se sienten mucho más despejados después de correr en el frío". Sabrina suele comentar cómo se sienten sus pulmones. Su conciencia de ellos es poco común entre corredores. En ocasiones ha expectorado sangre después de una carrera.

Cuando Sabrina tenía cuatro años y empezaba el kínder, sus padres se dieron cuenta de lo pequeña que era comparada con sus compañeros. Al tener un cuarto de sangre nativa, de la tribu tlingit, la llevaron al Hospital Indio de Servicios de Salud, en Alaska. Los médicos no pudieron encontrar nada mal en ella. Después de meses de análisis, a sugerencia de un médico fuera del hospital, se le diagnosticó fibrosis quística, una enfermedad potencialmente fatal, genética, de los sistemas respiratorio y digestivo, que afecta a 30 000 personas en Estados Unidos y a 70 000 personas en el mundo. Sabrina nació con un gen defectuoso que hace que su cuerpo produzca una mucosidad inusualmente espesa y pegajosa, la cual congestiona sus pulmones y le provoca infecciones respiratorias que ponen en riesgo su vida. La mucosidad también obstruye su páncreas y evita que las enzimas descompongan la comida, lo que conlleva una mala absorción de nutrientes.

Dado que el gen de la fibrosis quística no se encuentra entre las poblaciones de nativos americanos o nativos alascanos, el Hospital Indio de Servicios de Salud nunca había tenido un paciente con esta enfermedad, por lo que no consideró hacer análisis para buscarla. Las tres cuartas partes caucásicas de Sabrina eran las responsables de que fuera portadora del gen.

Sabrina empezó a correr cuando tenía 12 años. Su padre, un maestro de educación física de primaria siempre quiso que Sabrina practicara deportes. Su madre creía que correr podía servir para despejar toda esa mucosidad en sus pulmones, así que la llevó a una pista local y le puso de meta correr 10 minutos. Ella corrió con su hija. "Aprendimos que correr me ayudaba a liberar la gruesa mucosidad de mis pulmones y expectorar", dice Sabrina. La motivación de sus padres la llevó a competir a campo traviesa y en pista durante la secundaria y la preparatoria.

Cuando Sabrina estaba en el último año de la preparatoria, a los 18 años, empezó a tener dolores en la espalda baja. Dada su edad y el historial atlético de carreras a campo traviesa y en pista, su médico pensó que se había desgarrado un músculo. Sin embargo, el dolor no desapareció y eventualmente empeoró. "Empecé a sentir punzadas de dolor a lo largo de mis piernas, y mi pie derecho perdía sensibilidad", recuerda.

Después de graduarse de preparatoria, y desesperada por encontrar ayuda, volvió con su médico. Esta vez, el diagnóstico era muy distinto: un tumor maligno en su espina. Linfoma no Hodgkin. Hizo un tratamiento de un mes con radiación y tres días de quimioterapia cada tres semanas, durante cuatro meses. Le dio neumonía después de su primera sesión de quimio porque su cuerpo estaba muy débil. También era alérgica a uno de los componentes de la quimioterapia, así que debían administrarla muy despacio, a lo largo de dos días, junto con dosis enormes de Benadryl. Pero funcionó. Sabrina ha estado en remisión durante nueve años y todavía corre en el frío de Alaska.

Es domingo en la mañana. Sales de la cama y te alistas para ir a correr. El clima es cálido. Te pones tus calcetines y tu playera absorbentes, atas las agujetas de tus tenis y sales por la puerta. Antes de que siquiera des el primer paso, tu corteza cerebral estimula tu sistema nervioso autónomo, el cual hace que tus vasos sanguíneos se constriñan y que se eleve tu presión arterial. Después de correr un poco, empiezas a respirar más rápido y más profundo. La cantidad de veces que tu corazón late cada minuto y el volumen de sangre que tu corazón eyecta con cada uno de esos latidos se eleva para igualar la mayor demanda de oxígeno de tus músculos. Corre más sangre a través de tus vasos sanguíneos, entre 15 y 20 veces más que cuando estás sentado en un sillón.

Correr sucede de adentro hacia afuera. Para llegar al meollo del asunto sobre cómo y por qué correr nos vuelve mejores corredores —o nos vuelve corredores, punto—, debemos mirar hacia adentro, al interior de la caja negra de nuestro cuerpo, la cual ya empieza a tornarse de un ligero tono de gris gracias a las nuevas investigaciones moleculares. La fisiología del ejercicio es una rama de la ciencia relativamente nueva, así que seguimos aprendiendo lo que ocurre que nos vuelve mejores corredores y nos hace estar más sanos por correr. Los cambios suceden al nivel de incluso la más minúscula célula, donde la vida como tal se da, al igual que los ácidos nucleicos y las bases que forman las cadenas helicoidales de nuestro ADN. Después de que Nirenberg y Matthaei desentrañaran el primer codón del código genético en 1961 y el Proyecto Genoma Humano nos diera el código entero de ADN en 2003, ahora podemos ver dentro de nosotros como nunca antes.

El corredor que literalmente llevas dentro se adapta a cada zancada que das, haciendo cambios específicos para que puedas resistir el esfuerzo. Correr representa pequeñas amenazas para la supervivencia de nuestro cuerpo, y mientras nos recuperamos después de correr, nuestro cuerpo hace ajustes específicos para solventar esas amenazas. Se dan grandes cambios como resultado de carreras repetitivas y amenazas repetitivas, lo que nos lleva a una acumulación conjunta de proteínas estructurales y funcionales dentro de nosotros para darnos una mejor condición y para vernos y desempeñarnos mejor.

Uno de los primeros cambios es el aumento del volumen de sangre en tu cuerpo. Tener más sangre fluyendo por tu cuerpo aumenta la capacidad de tus vasos sanguíneos para transportar oxígeno. Pero esto por sí solo no es suficiente.

Correr crea una telaraña enorme de pequeños capilares alrededor de tus fibras musculares, aumentando la difusión de oxígeno hacia los músculos. Entre más elaborada sea la telaraña, más corta será la distancia que deba recorrer el oxígeno para llegar de un capilar hacia el interior de la fibra muscular. Entre más se acerque la sangre a tus músculos a través de los capilares, el preciado oxígeno suelta su firme agarre de la proteína hemoglobina dentro de tus glóbulos rojos, la cual ha estado conduciéndolo a través de los vasos sanguíneos, para que pueda llegar a tus músculos.

Poco después de que empezaras a correr hoy, tu ritmo cardiaco se asienta alrededor de 140 latidos por minuto, más del doble de lo que era cuando estabas acostado en tu cama antes de salir. La cantidad de sangre que vuelve a tu corazón a través de tus venas aumenta para igualar la cantidad que sale del corazón a través de tus arterias.

Correr se trata de llegar al corazón del asunto. Literalmente. Quizá la adaptación más elegante que tu cuerpo hace es un aumento en el tamaño de tu corazón, específicamente del ventrículo izquierdo, el responsable de enviar sangre hacia todo el cuerpo, excepto los pulmones. Este crecimiento de tu ventrículo izquierdo, llamado hipertrofia ventricular, resulta en un mayor volumen sistólico, el volumen de sangre que tu corazón bombea con cada latido. Entre más grande sea tu ventrículo izquierdo, más sangre puede contener; entre más sangre pueda contener, más sangre puede bombear hacia los músculos que utilizas para correr. En muchos aspectos, la habilidad de tu corazón de bombear sangre y oxígeno dicta tu capacidad de convertirte en un mejor corredor. Mejora tu corazón y mejorarás como corredor.

Para mantener tu paso mientras corres hoy, muchas enzimas están ocupadas trabajando en tus pantorrillas, en los tendones de tus corvas, en tus cuádriceps y otros músculos, catalizando numerosas reacciones químicas para descomponer carbohidratos y grasas como combustible, incluyendo la enzima que descompone los fuertes lazos de las moléculas de trifosfato de adenosina —sobre las que aprendimos en la clase de biología de la preparatoria— para liberar energía para la contracción muscular. Muchas de esas enzimas viven dentro de las mitocondrias —las fábricas de las células que utilizan oxígeno—, responsables de lo aeróbico que sucede dentro de nosotros, que es prácticamente todo.

Correr es un estímulo potente para multiplicar las mitocondrias. Tener más mitocondrias en nuestros músculos, junto con las enzimas dentro de ellas, aumenta la habilidad de estos para producir energía aeróbicamente, inclinando el metabolismo hacia un sustento mayor de grasa al correr a un paso específico. Al aumentar la capacidad aeróbica de nuestros músculos, retardamos su sustento en un metabolismo anaeróbico, por lo que podemos correr a un paso más veloz antes de empezar a fatigarnos.

El vínculo entre el aumento de la actividad enzimática y el aumento de la capacidad mitocondrial de consumir oxígeno (descubierto en 1967, en los músculos de ratas), nos ha dado mucha información sobre la adaptabilidad de los músculos esqueléticos. Generalmente, entre más demanda hay, mayor es la adaptación, por lo que correr más kilómetros produce más mitocondrias.

Mientras que llenar nuestros músculos de más mitocondrias nos permite mantener un paso más veloz, también tiene ciertas implicaciones para un rango más amplio de cuestiones de salud. Esto es de gran interés para los científicos, específicamente porque las mitocondrias son únicas, tienen su propio ADN. Las mitocondrias que creaste gracias al estímulo de tu carrera de hoy tienen una relevancia particular para nuestra comprensión de las enfermedades mitocondriales, los daños musculares inducidos por radicales libres y la pérdida de masa muscular relacionada con la edad, conocida como sarcopenia. Si quieres tener músculos sanos y funcionales conforme envejeces, necesitas un montón de mitocondrias sanas. Otra razón para correr.

Conforme sigues corriendo hoy, todas esas reacciones químicas producen mucho calor y las repetidas contracciones musculares con cada zancada provocan que tu temperatura corporal aumente. Dado que el mecanismo principal para enfriar tu cuerpo es a través de la evaporación de sudor en la superficie de la piel, empiezas a sudar más. Como resultado, pierdes agua y empiezas a deshidratarte. A pesar de toda la atención que correr le da a tus músculos, el agua, no los músculos, es el mayor componente de tu cuerpo; así que, cuando pierdes agua, hay consecuencias. Una consecuencia importante de la deshidratación es el aumento de la temperatura corporal cuando corres. En un intento de prevenir que ésta aumente hasta niveles peligrosos, tu sistema nervioso central orquesta una respuesta compleja en la que los vasos sanguíneos que abastecen tus órganos se constriñen, mientras que los vasos sanguíneos que abastecen tu piel se dilatan, provocando que la sangre se desvíe de tus órganos hacia afuera, aumentando el enfriamiento por la convección de aire sobre la superficie de tu piel. Como resultado de este enfriamiento convectivo, la temperatura de tu piel disminuye.

Te sientes con un poco de energía, así que decides acelerar el paso. Empiezas a respirar con más dificultad. Tu ritmo cardiaco aumenta. El flujo sanguíneo hacia tus músculos aumenta.

Correr cambia nuestra musculatura, ese motor perfectamente afinado de nuestros movimientos. Analizar los músculos es la forma más accesible que tenemos para ver lo que correr le hace a nuestro cuerpo, sin embargo, y a pesar de cuántos cumplidos recibas por tus fotos en Instagram después de correr, lo que importa no es cómo se ven tus músculos, sino lo que pueden hacer.

Durante años, los músculos han tenido una mala reputación, sirviendo como metáfora para la falta de inteligencia: el atleta estúpido. Si tenías músculos y sabías cómo usarlos, entonces debía significar que no tenías cerebro. Pero las cosas han cambiado. Los músculos se han convertido en imagen de fuerza, salud y vitalidad. Los músculos son el nuevo "sexy".

Al principio, era la fuerza de un músculo lo que obtenía toda la atención en el campo de la educación física. Las pruebas de fuerza muscular han existido al menos desde tiempos de la Grecia antigua, en las olimpiadas, cuando a los atletas se les pedía levantar una bola de hierro para poder calificar. En 1873, el doctor Dudley Sargent, pionero en educación física, inició las pruebas de fuerza en la Universidad de Harvard, y desde entonces se ha convertido en una herramienta importante para evaluar las características de los músculos. Pero estos pueden hacer mucho más que sólo volvernos más fuertes; también pueden hacernos resistir, y correr mejora la resistencia.

Correr afecta nuestros músculos a nivel celular. Como sucede con un dueño voluble, que no puede decidir si la cocina de su casa debe decorarse en estilo campestre inglés o art decó, correr remodela constantemente los mecanismos de contracción de las fibras musculares individuales, aumentando su diámetro y su velocidad de contracción para optimizar el funcionamiento.

Correr también estimula el almacenamiento de carbohidratos en tus músculos, dándoles más de su combustible preferido. Mientras que a la gente le gustaría quemar más grasa cuando corre, los músculos en realidad prefieren usar carbohidratos, porque es un combustible mucho más eficiente para quemar. Investigaciones con biopsias musculares en los años sesenta revelaron que la habilidad de hacer ejercicio de resistencia prolongado está muy influida por la cantidad de carbohidratos que guardan nuestros músculos, y la fatiga coincide con la falta de esos carbohidratos, uno de los principales factores responsables de la infame pared en los maratones. Como el tanque de gasolina de tu auto, nuestros músculos tienen una cantidad limitada de carbohidratos; quizá los suficientes para un poco más de dos horas de correr a un paso moderado. Cuando corremos más kilómetros y durante más tiempo, les enseñamos a nuestros músculos a depender de la grasa como combustible, en un intento de guardar los limitados carbohidratos para momentos o velocidades en los que verdaderamente los necesitemos.

Ahora aceleras tu paso todavía más, jadeando y resoplando como si fueras a tirar una casa. Correr rápido te hace sentir bien y viene con su propio conjunto de cambios internos. Aumenta la singular habilidad de tus músculos para producir energía sin utilizar oxígeno, al incrementar el número de enzimas que catalizan las reacciones químicas en las secuencias que no utilizan oxígeno.

Después de unos cuantos minutos de correr a un paso rápido, el hidrógeno se empieza a acumular en tus músculos por el incremento en la tasa metabólica, lo que los vuelve más ácidos. Al igual que a los trabajadores de una fábrica clandestina, inhibidos por el calor, esta acidez inhibe el trabajo de las enzimas responsables de las reacciones químicas dentro de tus músculos. Sólo que el hidrógeno no es el único culpable aquí. Otros metabolitos, incluyendo el potasio y el fosfato, dicen "fui yo" cuando se acumulan en tus músculos mientras corres más rápido. Juntos, todos estos metabolitos disminuyen la fuerza que tus músculos generan en formas muy específicas, y tu paso se hace más lento. Con el tiempo, correr más rápido aumenta tu habilidad muscular para manejar la acidez que se desarrolla por la acumulación de hidrógeno. Crear un manejo más sólido retarda la fatiga a cualquier paso.

Hoy, sin embargo, intentas juntar fuerzas lo más que puedes, un impulso final para terminar la carrera. Tu sistema nervioso central envía señales más frecuentes para reclutar a tus fibras musculares, incluyendo las poderosas fibras de contracción rápida, inervadas con sus grandes neuronas para compensar la fatiga de las fibras musculares de contracción lenta, las cuales han estado trabajando ya durante un rato. Funcionó. Mantienes tu paso hasta que vuelves a casa.

En conjunto, todos estos cambios nos vuelven corredores más veloces y mejoran nuestra salud. Después de muchas semanas, meses y años de correr, vemos un tiempo final menor después de esos 5 kilómetros. Vemos que la presión arterial alta y el colesterol alto regresan a cifras sanas. Vemos menos grasa alrededor de nuestra cintura. Vemos pantorrillas más definidas.

La forma como inducimos estos cambios es cuestión de economía fisiológica: oferta y demanda. La evolución nos ha dado a los humanos una capacidad excepcional para adaptarnos. Tu estructura corporal y tus funciones están a la altura de lo que exiges de ellas. Si aumentas la demanda, aumentas la cantidad de cambios que deben darse para mantener el paso con esa demanda incremental. Es lo mismo que la industria de bienes raíces: entre más gente quiere mudarse a un pueblo en específico, más casas y condominios se construyen para ellos. Los Ángeles tiene más inmuebles que Los Álamos porque la demanda de lugares para vivir es mayor en Los Ángeles. Correr crea una fuerte demanda y, como resultado, crea un espacio para el cambio.

En el Laboratorio Nacional Lawrence Berkeley, dentro del campus de la Universidad de California-Berkeley, hay un investigador, el doctor Paul Williams, que ha dedicado gran parte de su carrera al estudio de los efectos que tiene correr en la salud. Es el principal investigador de estudios de la salud en corredores y caminadores nacionales, la serie de estudios más amplia y antigua del mundo sobre los beneficios de salud que tienen correr y caminar, los cuales incluyen el seguimiento de 160 000 participantes. Williams y sus colegas han examinado el efecto de correr y caminar en todo, desde la obesidad, hasta las cataratas, y sus descubrimientos son sorprendentes. Para cada característica de la salud de una persona que sus colegas y él han analizado, entre más corría la gente, mejor era el resultado o menor el riesgo de enfermedad.

En uno de los estudios, 41 582 corredoras se dividieron en grupos a partir de su edad y de la cantidad de kilómetros que corrían a la semana. Comparadas con las que corrían menos de 16 kilómetros a la semana, quienes mantuvieron un promedio de 64 kilómetros a la semana tenían 10 por ciento menos de índice de masa corporal (tu peso dividido por tu altura al cuadrado; el valor más comúnmente usado para determinar tu grado de obesidad); 8 por ciento tenía menor circunferencia de cintura; 7 por ciento tenía menor circunferencia de cadera, y 4 por ciento tenía menor circunferencia de pecho. En cada grupo por edad, entre más kilómetros corrían a la semana, sus índices de masa corporal y sus circunferencias de pecho, cintura y cadera eran menores.

Por supuesto, investigaciones cruzadas como ésta no pueden determinar causa y efecto, pues es posible que personas de menor estatura con menor índice de masa corporal corran más porque sus cuerpos son más adecuados para ello. Sin embargo, la gran proporción de las muestras aumenta el poder estadístico del estudio, haciendo que sea más probable que las diferencias se deban de hecho al trato experimental.

Para sortear las limitaciones de los estudios cruzados, en otro estudio, los investigadores evaluaron a 29 139 hombres y 11 985 mujeres durante siete años y medio para examinar la relación entre la condición cardiorrespiratoria (medida por el desempeño en carreras de 10 kilómetros), la distancia semanal recorrida y la incidencia de presión arterial alta, colesterol alto y diabetes. Al final del estudio, encontraron que 8.53 por ciento de los hombres y 4.26 por ciento de las mujeres desarrollaron presión arterial alta, 12.2 por ciento de los hombres y 5.14 por ciento de las mujeres desarrollaron colesterol alto, y 0.68 por ciento de los hombres y 0.23 por ciento de las mujeres se volvieron diabéticos. Curiosamente, correr más kilómetros a la semana predijo una baja incidencia de presión arterial alta, colesterol alto y diabetes tanto en hombres como en mujeres. Específicamente, la probabilidad de desarrollar colesterol alto bajó significativamente con cada incremento en distancia de 16 kilómetros a la semana, hasta llegar a 64 kilómetros a la semana para los hombres y 48 kilómetros para las mujeres. Los beneficios de salud que tiene correr continuaron acumulándose al menos hasta los 64 kilómetros a la semana.

La condición cardiorrespiratoria de una persona también está influida por su salud. Los científicos encontraron que entre más rápido corría la gente 10 kilómetros, menor era su probabilidad de desarrollar presión arterial alta y colesterol alto. Específicamente, la probabilidad de que un hombre desarrollara presión arterial o colesterol altos declinó linealmente con sus tiempos más rápidos en carreras de 10 kilómetros, hasta llegar a 39:07 minutos.

En comparación con los hombres de menor condición, los que tenían mejor condición (quienes corrían 10 kilómetros más rápido de 44:20 minutos) tenían 62 por ciento menos probabilidad de desarrollar presión arterial alta, 67 por ciento menos probabilidad de desarrollar colesterol alto y 86 por ciento menos probabilidad de volverse diabéticos. La probabilidad de las mujeres de desarrollar colesterol alto también bajó significativamente con tiempos menores para correr 10 kilómetros, hasta alcanzar 41:34 minutos. En comparación con las mujeres de menor condición, las que corrían 10 kilómetros más rápido de 51:47 minutos tenían significativamente menor probabilidad de desarrollar presión arterial alta. La conclusión obvia que podemos establecer es que entre más rápido corras, hasta cierto punto al menos, mejor será tu salud cardiometabólica.

Para la gente con riesgo de diabetes —caracterizada por la insuficiencia de glucosa por falta de insulina o por células que no responden a la insulina—, correr hace que las células sean más sensibles y receptivas a la insulina, lo que aumenta la absorción de glucosa en los músculos. Correr también aumenta la actividad de las proteínas que transportan la glucosa de la sangre hacia las células.

En una investigación más de la serie de estudios de la salud en corredores y caminadores nacionales, investigadores evaluaron los hábitos para correr y el peso corporal de 3 973 hombres y 1 444 mujeres que dejaron de correr, 270 hombres y 146 mujeres que empezaron a correr, y 420 hombres y 153 mujeres que permanecieron sedentarios durante siete años y medio. Descubrieron que el peso corporal y la grasa intraabdominal se redujo en la gente que empezaba a correr y aumentó en la gente que dejó de correr, proporcional al cambio de lo que corrían. En otras palabras, entre más corría la gente antes sedentaria, más se reducía su peso corporal y su grasa intraabdominal. Por el contrario, entre más dejaban de correr otros comparado con lo que corrían antes, más aumentaban su peso corporal y su grasa intraabdominal. Cualquier corredor que se haya lesionado alguna vez y no pueda correr sabe qué tan fácil es subir de peso. Correr es una de las mejores formas para evitar el sobrepeso.

Otro estudio interesante es el que se hace con gemelos. Estudiar gemelos idénticos es una forma muy inteligente de examinar los efectos de salud del ejercicio porque los investigadores pueden controlar la inmensa y confusa variable que es la genética. Al ser un gemelo yo mismo, siempre me ha encantado leer estudios sobre el tema. Mi hermano gemelo y yo somos fraternos, lo que significa que sólo compartimos la mitad de nuestro ADN (dos espermatozoides fertilizaron dos óvulos al mismo tiempo). Los gemelos idénticos, en cambio, son justamente eso, tienen un ADN idéntico (un espermatozoide fertilizó un óvulo y éste se dividió a la mitad). Es así que estudiar gemelos idénticos permite a los científicos aislar los efectos del ambiente en un tratamiento dado —en este caso, correr— hacia un resultado específico, como la salud. Si un gemelo idéntico corre y el otro no, ¿cuál será la diferencia en su salud?

Williams y sus colegas examinaron 35 pares de gemelos idénticos para identificar su comportamiento en el ejercicio. En cada par, un gemelo corría y el otro no. Los gemelos que corrían lo hacían en un promedio de 63 kilómetros a la semana, mientras que los gemelos en su mayoría sedentarios tenían un promedio de sólo 6 kilómetros a la semana. En comparación con los gemelos sedentarios, quienes corrían tenían significativamente menos índice de masa corporal y cifras significativamente más altas de lipoproteína de alta densidad (HDL, usualmente conocida como colesterol "bueno") y de su componente proteínico principal, apolipoproteína A-I, particularmente entre los hombres. La HDL es una proteína que actúa como depredador del colesterol, los triglicéridos y otras grasas, quitándolas de los vasos sanguíneos y llevándolas hacia el hígado, donde se tiran como residuos. Entre mayor sea tu cifra de HDL, menor será tu riesgo de enfermedad cardiovascular. Se ha sabido desde hace mucho que el ejercicio aeróbico aumenta la concentración de HDL en la sangre.

Una de las conclusiones principales de esta serie de estudios es que correr más es mejor que correr menos, y correr más rápido que correr lento. Hay varios estudios para mostrar que el peso corporal es directamente proporcional a la cantidad e intensidad del ejercicio. Correr está íntimamente ligado al peso corporal.

Era un típico día brumoso, cálido y húmedo en el centro de Nueva Jersey, cuando mi avión aterrizó en el aeropuerto de

Newark el 1° de septiembre de 2010. Cada vez que viajo al otro lado del país para visitar a mi familia desde San Diego, donde vivo, me aseguro de correr temprano en la mañana antes de irme. Hay pocos lugares a los que puedo ir donde el clima es tan bueno como en San Diego, y necesito la fuerza que me da correr para lidiar con mi familia. La mayoría de las familias tienen una dinámica única, y la mía, por pequeña que sea, tiene la suya. Correr, para mí, es como "respirar profundo" antes de verla. Tengo suerte de que mi familia sea unida y quizá menos disfuncional que la mayoría, pero en esa ocasión iba a necesitar respirar tan hondo como mis pulmones lo permitieran.

Cuando llegué a Newark, me subí en un camión público de Nueva Jersey para ir a ver a mi madre. A los 75 años, estaba en una residencia para adultos mayores. El camión me dejó en la estación y caminé un kilómetro y medio, hasta la residencia. Vi el Buick azul de mi madre en el estacionamiento. Una capa de tierra cubría el auto. Las hojas se habían acumulado en el canal del parabrisas. Sabía que no habían movido el auto durante mucho tiempo. Abrí la puerta con mi duplicado y manejé hasta el hospital, donde la habían internado ese mismo día. Al llegar a un semáforo, pisé el pedal del freno hasta el fondo para que se detuviera. Necesitaba frenos nuevos desde hacía miles de kilómetros.

Mi madre sufría de cáncer en los huesos, el cual se había metastatizado del cáncer de mama que le diagnosticaron 12 años antes. Antes de dejar Nueva Jersey, hablé con mi hermano gemelo, quien vive en Nueva York.

"¿Qué pasó?", le pregunté.

Habían hospitalizado a mi mamá por ictericia; su piel y la esclerótica de sus ojos se habían vuelto amarillas, lo que ocurre cuando el hígado no puede metabolizar una proteína llamada bilirrubina, el producto amarillo que resulta de descomponer el hierro. Cuando la bilirrubina no se procesa en el hígado, se acumula en la sangre y en el espacio fuera de las células, causando una coloración amarillenta de la piel y los ojos. No estaba bien.

El médico le había colocado un estent en el ducto hepático para abrirlo. Funcionó. Un par de días después, la ictericia había desaparecido. Parecía estar mejor, pero todavía tenía mucho dolor. No se había movido mucho desde que se rompió el fémur tres años atrás al caerse en su recámara, cuando todavía vivía sola en su casa. Cada vez que la visitaba, intentaba ayudarla a hacer ejercicios desde su silla de ruedas para que pudiera fortalecer su pierna. Le daba miedo volverse a caer si se levantaba a caminar. Se estaba volviendo un ejemplo de la primera ley de Newton: un cuerpo en reposo permanece así a menos de que una fuerza externa actúe sobre él. Yo intenté ser esa fuerza externa para mi madre.

Las siguientes dos semanas fueron las más difíciles de mi vida. Corría casi todas las mañanas antes de ir al hospital. A veces corría en la oscuridad, en la noche, después de pasar el día ahí. Era mi respiro.

Al estar acostada en una cama de hospital, mi madre era todavía más sedentaria de lo que había sido antes. Tenía dolores de espalda casi todo el tiempo. Desarrolló coágulos en ambas piernas, por lo que debieron colocarle un filtro de Greenfield en la base de la vena cava para prevenir que los coágulos viajaran hasta su corazón y sus pulmones. Parecía que fuéramos hacia un callejón sin salida.

Pasé dos semanas en el hospital con mi mamá. Mi hermano y yo estuvimos sentados a su lado, sosteniendo sus manos hasta que literalmente todo terminó. Es la experiencia más emotiva que he vivido.

Mi mamá era una ruda maestra de educación física del Bronx. Les enseñaba a niños con armas e hijos de mafiosos. Tenía una fuerza admirable y competía en el Roller Derby como miembro de las Jefas de Nueva York. Hacía paracaidismo. Jugaba softball semiprofesional con su icónico guante de cuatro dedos (tenía cinco dedos como todos los demás, pero los guantes de beisbol en esos días sólo tenían cuatro). Crio gemelos como madre soltera después de que nuestro padre murió cuando teníamos ocho años, y cuidó de su propia madre anciana, quien era su mejor amiga. Se preocupaba por mí cada día que me veía cruzar la puerta para salir a correr. Fue a cada una de mis carreras en secundaria y preparatoria, e incluso a cada carrera que corría en la zona, cuando la visitaba ya de adulto. Tenía una personalidad que uno no podría pensar que moriría. Así que, cuando hice el viaje de San Diego a Nueva Jersey dos semanas antes, nunca pensé que tendría que planear un funeral. No había empacado un traje.

Cada día durante las últimas dos semanas de la vida de mi madre, corrí para encontrarme a mí mismo y obtener la fuerza que necesitaba para estar ahí para ella. Y para mí. Correr puede darnos una gran cantidad de fuerza. El estrés emocional tiene consecuencias físicas. Casi todas las personas han experimentado los síntomas físicos que el estrés o la ansiedad provocan. Así que, cuando mi madre estuvo en el hospital, corría cada día sin pensar en hacerlo como normalmente lo hago, entrenando para mi próxima carrera. En cambio, corrí para fortalecerme, para alejarme del estrés. Han pasado años y aún suelo ir a correr cuando pienso en mi madre, como una forma de manejar la tristeza y las emociones, y evitar que se vuelvan abrumadoras.

Durante mis carreras en los días y las semanas después de su muerte, pensé en lo aislada y solitaria que es la experiencia de la muerte. Sin importar cuántas personas estén a tu lado, es un momento único, individual, un duro contraste frente a la pluralidad de la vida diaria. Cuando el alma se escapa de la carne, nadie puede sentir lo que tú sientes. No sé cuánto o siquiera la naturaleza del dolor que mi madre sintió, o el momento exacto en que ya no sintió la muerte, el momento en que su sistema nervioso central se apagó por la falta de oxígeno. Aunque no pueda sacar otra cosa de correr, espero que sí pueda ayudarme a lidiar con la experiencia cuando sea mi turno.

Correr está íntimamente ligado a nuestro estado de ánimo. La mayoría de los corredores estará de acuerdo en que correr te hace sentir mejor. Muchos corredores salen a correr cuando se sienten tristes o deprimidos. Regresan rejuvenecidos. Si quieres una gran forma para cambiar el malhumor por buen humor, ve a correr. Resulta que esto no es sólo anecdótico. Investigaciones han demostrado que el ejercicio aeróbico —y correr es el tipo comúnmente estudiado— es una prescripción tan efectiva como un medicamento para mejorar la depresión y hacerte sentir bien.

Considera, por ejemplo, un estudio de científicos de la Universidad de Duke, en colaboración con la Universidad de Colorado-Boulder y la Universidad de California-San Diego, en 1999, el cual se publicó en la revista científica *Archives of Internal Medicine*. Los investigadores dividieron en tres grupos al azar a 156 hombres y mujeres, de 50 años en adelante, quienes tenían un diagnóstico de desorden depresivo severo. Un grupo hacía ejercicio aeróbico, un grupo tomaba un medicamento antidepresivo y el tercer grupo mezclaba el ejercicio con el antidepresivo. Se evaluó a los sujetos para depresión usando análisis y criterios estándar, antes y después de los tratamientos. El ejercicio consistía en tres sesiones supervisadas a la semana, durante 16 semanas, en las que los sujetos calentaban durante 10 minutos, luego caminaban o corrían durante 30 minutos, entre 70 y 85 por ciento de su reserva cardiaca, seguido de 5 minutos de enfriamiento. Después de 16 semanas, los tres grupos mostraron una reducción significativa y comparativa en sus síntomas clínicos de depresión. No había diferencia en los resultados de las pruebas de depresión entre quienes tomaron el medicamento antidepresivo, quienes hicieron ejercicio y quienes combinaron el ambos. Otros estudios han tenido los mismos resultados.

Una razón de que correr disminuya los síntomas de la depresión es que, al igual que los medicamentos antidepresivos y las drogas adictivas y recreativas, correr aumenta la serotonina, un neurotransmisor (tipo de químico que transmite señales de un área del cerebro a otra) responsable de sentimientos de bienestar y felicidad. La serotonina es un poderoso neurotransmisor que influye directa o indirectamente en la mayoría de tus aproximadamente 40 millones de neuronas. Gran cantidad de estudios han demostrado aumentos en los niveles de serotonina o en su precursor, el triptófano, después de hacer ejercicio.

El doctor David Nieman es una de las principales autoridades a nivel mundial sobre el vínculo entre el ejercicio y la función inmunológica. Su investigación, como la de otros, ha dilucidado una relación interesante entre el ejercicio y nuestras oportunidades de enfermarnos. Tanto una sola carrera como correr todo el tiempo altera la cantidad y el funcionamiento de las células del sistema inmunológico circulantes, incluyendo neutrófilos, monocitos y células asesinas naturales. Correr moderadamente incrementa estas células y fortalece tu sistema inmunológico, reduciendo tu riesgo de desarrollar un resfriado o cualquier otro tipo de infección del tracto respiratorio superior. Sin embargo, periodos de entrenamiento o carreras intensos o prolongados —sobre todo maratones o ultramaratones— disminuyen los niveles de estas células y debilitan tu sistema inmunológico, aumentando el riesgo de una infección del tracto respiratorio superior.

La investigación del doctor Nieman ha demostrado que los corredores que entrenan 96 kilómetros a la semana duplican su probabilidad de enfermarse, en comparación con los que entrenan menos de 32 kilómetros a la semana. Esto sucede porque muchos componentes del sistema inmunológico muestran cambios después de ejercicio pesado prolongado, dejando una ventana abierta para la infección. Si alguna vez has entrenado para un maratón, es posible que te hayas enfermado poco después de terminar la carrera. Esto es muy común porque un maratón estresa el sistema inmunológico en gran parte, con un aumento considerable en los marcadores proinflamatorios. Parece que el funcionamiento del sistema inmunológico es uno de los pocos casos en los que correr más no es mejor que correr un poco, pero correr es definitivamente mejor que no hacerlo en absoluto.

Como parte de una revisión reciente, me hice análisis de sangre y resulté positivo por una mutación homocigótica del gen metilentetrahidrofolato reductasa (MTHFR), el cual codifica la enzima del mismo nombre. La MTHFR es una enzima clave en el metabolismo de folatos, involucrado en la producción de glóbulos rojos. Una mutación homocigótica significa que ambas copias del gen tienen la mutación y pueden tener implicaciones médicas, como un aumento en el riesgo de enfermedad vascular. Una mutación heterocigótica —sólo una copia del gen tiene la mutación mientras que el otro no— se considera médicamente insignificante. Mi padre murió de un ataque cardiaco cuando tenía 51 años de edad, mis dos abuelos murieron de ataques cardiacos antes de que yo naciera, y mi madre y mi abuela materna tenían marcapasos. Dada la enfermedad cardiaca en ambos lados de mi familia, no fue una gran sorpresa descubrir que tenía un posible marcador genético para enfermedad vascular o cardiaca.

Como un corredor de toda la vida, he pasado mucho tiempo preguntándome si es posible ganarles a los genes malos. ¿Moriré de un ataque cardiaco como mi padre, o correr me protegerá de ese destino? Es posible que el corredor y autor Jim Fixx, cuyo libro *The Complete Book of Running* se convirtió en un bestseller nacional en 1977, fuera el primer corredor en llamar la atención del país hacia correr y su vínculo con la salud. Cuando murió en la calle durante una carrera a los 52 años, fue noticia nacional, y la gente, incluso los médicos, empezaron a decir que correr era malo para la salud. En 2007, en las pruebas nacionales para el maratón olímpico, en Nueva York, el corredor de élite Ryan Shay, de 28 años, colapsó y murió a 9 kilómetros de haber empezado la carrera. Tanto Fixx como Shay tenían problemas cardiacos subyacentes. Correr no provocó sus muertes. Fixx había tenido sobrepeso, solía fumar una cajetilla diaria y se alimentaba de hamburguesas hasta que empezó a correr a la edad de 35 años, además de que su padre tuvo un ataque cardiaco a los 35 y murió de otro a los 43. Cuando murió, Fixx todavía comía hamburguesas (era un fiel creyente de que correr suplía una mala nutrición) y tenía arterosclerosis, con una arteria coronaria bloqueada en 95 por ciento, una segunda arteria bloqueada en 85 por ciento y una tercera bloqueada en 70 por cierto. Shay tenía arritmia cardiaca provocada por un agrandamiento del corazón que le diagnosticaron años antes.

Sin importar cuánto corramos, nuestra salud de todas formas está muy influida por nuestro genotipo, la composición genética de nuestras células microscópicas, muy dentro de nosotros, que provee el código de quiénes somos. Pero correr puede alterar la forma en que esos genes se expresan e interactúan con nuestro ambiente —nuestro fenotipo— para crear nuestras características visibles. Ahí es donde correr tiene su más grande e impreionante poder.

Resulta que correr puede cambiar nuestro fenotipo e incluso la forma en que usamos nuestro código genético. No podemos cambiar los genes que nos dieron nuestros padres, así que, si has llevado al máximo tu entrenamiento y todavía no eres un corredor de élite o subélite, ninguna clase de entrenamiento, sin importar qué tan inteligentemente planeado esté, lo va a cambiar. Sin embargo, los genes se activan e inhiben constantemente —se prenden y se apagan—, dependiendo de las señales bioquímicas que reciben de su ambiente, y el ejercicio, específicamente cuando se repite una y otra y otra vez, al grado de convertirse en un estado crónico para el organismo, es uno de los mejores ambientes para provocar el cambio.

Tenemos ciertos genes que se activan o se duermen con el ejercicio. Por ejemplo, cuando corremos, un proceso llamado metilación modifica químicamente el ADN de nuestros músculos y nos da más energía a través de sus secuencias metabólicas. La metilación de ADN ocurre en nuestra sangre, en los músculos esqueléticos, en el músculo cardiaco, en el tejido adiposo e incluso en nuestro cerebro. Cuando el ADN queda metilado, los genes se vuelven más receptivos a las señales de su ambiente, lo que regula la función proteínica y la salud en general. Por ejemplo, la metilación del ADN en los músculos esqueléticos y el tejido adiposo influye directamente en la lipogénesis, la formación y el almacenamiento subsecuente de grasa corporal. Es por eso que correr es tan bueno para reducir la grasa corporal. Correr disminuye significativamente los marcadores de lipogénesis, mientras que aumenta los marcadores de lipólisis, el proceso opuesto, que descompone la grasa para su posterior metabolismo. Científicos de la Universidad de Lund, en Suecia, han identificado 134 genes individuales que cambiaron en el grado de metilación del ADN después de seis meses de ejercicio aeróbico durante tres horas a la semana: una hora de clase de spinning y dos horas de clase de aeróbics.

En otro estudio, científicos del renombrado Instituto Karolinska, en Estocolmo, Suecia, hicieron que 23 hombres y mujeres, jóvenes y sanos, pasaran por una serie de pruebas físicas y médicas, incluyendo una biopsia muscular, y luego los pusieron a andar en bicicleta estacionaria en el laboratorio, a un paso moderado, durante 45 minutos, cuatro veces a la semana, durante tres meses. Sin embargo, los investigadores incluyeron un giro interesante en su estudio: los sujetos movían sólo una pierna, mientras que la otra no hacía nada, así que pudieron aislar el efecto del ejercicio en los genes. Después de tres meses, los sujetos repitieron la biopsia muscular y otros análisis.

No es de sorprender que la pierna ejercitada fuera más poderosa que la otra, demostrando que el ejercicio resultó en mejoras físicas. Pero el ADN de una pierna y otra también era diferente. Por medio de un análisis genómico sofisticado, los investigadores descubrieron que más de 5 000 sitios en el genoma de las células musculares de la pierna ejercitada mostraban cambios significativos en la metilación de ADN y la expresión genética, mientras que el ADN de la pierna sin ejercitar permaneció igual. La mayoría de los genes examinados tiene un papel en el metabolismo de energía, la respuesta a la insulina y la inflamación muscular. Parece que el ejercicio no sólo nos vuelve más sanos, sino que lo hace a un nivel genómico.

Un par de meses después de descubrir mi mutación homocigótica del gen MTHFR, corrí I 500 metros en una competencia de atletismo y me desgarré el músculo de la pantorrilla. Me había pasado antes al correr intervalos rápidos en la pista, así que, aunque era inquietante, no pensé mucho en ello. Pensé que tal vez mi edad estaba afectando la habilidad de mis pantorrillas de seguir el paso de mi fervor de entrenar y correr intensamente. Esa noche, empecé a tener severos dolores en el pecho. No podía dormir porque me dolía mucho estar acostado. El dolor incluso evitaba que pudiera respirar profundo. Si no hubiera sabido que era otra cosa, hubiera pensado que me estaba dando un ataque cardiaco, pero tenía un motivo para creer que era algo más, pues me había dolido antes, un par de meses después de un episodio de neumonía. La última vez descubrí que el dolor era provocado por pleuritis, la inflamación de las paredes pulmonares. Un angiograma de tecnología computarizada —un tipo de rayos X sofisticado, con una inyección intravenosa de yodo que actúa como tinte para resaltar el sistema vascular pulmonar— reveló una embolia pulmonar. Tenía un coágulo pequeño en mi pulmón derecho.

Ahora, más de dos años después, con otro episodio del mismo dolor, tenía la sensación de que era algo similar. Otro angiograma reveló tres embolias pulmonares, y un ultrasonido de mis piernas reveló una trombosis profunda en algunas venas de mis pantorrillas. Los coágulos algunas veces se desarrollan en las venas largas de las pantorrillas cuando la sangre se acumula en las piernas, y esos coágulos pueden viajar a través de la circulación venosa hasta los pulmones. Para llegar a los pulmones, el coágulo debe viajar a través del atrio derecho y del ventrículo derecho del corazón. Si el coágulo es lo suficientemente grande, puede atorarse en el corazón, bloquear el flujo sanguíneo y provocar un ataque cardiaco. Si pasa por el corazón hacia los pulmones, puede poner en riesgo la vida si es lo suficientemente grande para ocluir un vaso principal.

Por suerte, los coágulos que yo tenía eran lo suficientemente pequeños para no provocar una amenaza inmediata a mi vida. Me recetaron anticoagulantes para prevenir más coágulos. Con el tiempo, mis venas se recanalizarían, formando nuevos vasos para el flujo sanguíneo alrededor de los puntos obstruidos por el coágulo. El cuerpo es muy inteligente. Cuando los glóbulos rojos se encuentran con tránsito pesado, los obreros de tu cuerpo crean una ruta alterna.

Fuera de esa mutación del gen MTHFR, los análisis de sangre no han revelado que tenga ningún marcador genético que me predisponga para formar coágulos, así que no estoy seguro de qué lo provocó. No he estado en ningún vuelo internacional largo recientemente y, aunque sí paso mucho tiempo sentado en mi escritorio, me levanto varias veces a caminar un poco e intento beber suficiente agua para permanecer hidratado. Lo que sucede dentro de nosotros muchas veces es un misterio.

Cuando recibí el diagnóstico de los coágulos, mi primer pensamiento fue: "¿Voy a morir?", y luego, inmediatamente después, pensé: "¿Podré correr otra vez?".

Qué peculiar. En un tiempo cuando me sentí vulnerable y me preguntaba si algo iba a pasarme, ¿por qué preguntar si podría correr? Me ha tomado 31 años de correr para poder empezar a responder esa pregunta, y todavía estoy aprendiendo a responderla. Correr es parte de mi identidad como ser humano a tal grado, que no puedo imaginar mi vida sin ello.

Es tanto un gran beneficio como una gran tragedia tener algo tan significativo y profundo en tu vida. No estoy seguro de que muchas personas tengan algo así. Correr y entrenar a otros han sido labores profundamente satisfactorias para mí, pero si correr es tan importante para mí y para la definición de mí mismo, ¿qué voy a hacer si algo me lo quita? Lo que más me asusta es que no tengo una respuesta completa para esa pregunta.

He sido muy afortunado porque nunca he tenido una lesión significativa por correr o una enfermedad que me haya impedido correr durante mucho tiempo. Sólo he tenido cuatro sucesos en mi vida que me evitaron correr durante más de una semana: dos huesos rotos (por hacer otra cosa que no fuera correr), un episodio de neumonía y coágulos en mis pulmones. Ha habido sólo algunas otras ocasiones en las que he tenido que dejar de entrenar o tomarme un día o dos libres, por algo menor, como un resfriado, tendinitis de Aquiles, un desgarre en el músculo de la pantorrilla y algunas costillas magulladas por caerme contra el cemento corriendo en la lluvia.

Es un eufemismo decir que los corredores odian estar lastimados o enfermos. Afecta nuestra vida de formas incontables, y ninguna parece positiva en el momento. De hecho, nunca he conocido otro tipo de atleta o de aficionado al ejercicio, ya sea de élite o por recreación, que odie estar lastimado más que los corredores. Para bien o para mal, desde que empecé a correr y a participar en carreras a los 11 años, mi identidad ha estado ligada a poder correr. Me hace sentir poderoso y sano. Me siento un atleta. Cuando estoy en forma, realmente en forma, camino presumiéndolo, con mi cabeza en alto y lleno de confianza. La vida parece llena de posibilidades. Cuando algo sucede que me evita correr, incluso durante sólo un día, y que no estuviera planeado como día de descanso, esa identidad se va. Cuando ese día se vuelve una semana o más, me vuelvo ansioso, irritable, me siento culpable y sí, incluso me siento gordo y fuera de forma. Cuando lo que me evita correr está relacionado con la salud, me siento vulnerable, asustado, débil. Siento que la enfermedad se ha llevado todo mi poder y mi vitalidad. Puede sonar ridículo e irracional, pero siento que algo está mal en mi vida si no puedo correr. Las cosas simplemente no están bien. Me siento excluido de la comunidad de corredores, las carreras me pasan de largo como un tren en el que debí haberme subido, y las redes sociales lo vuelven peor. Veo a mis amigos y a los corredores que conozco subiendo fotos de sus carreras en Facebook e Instagram, comentando sus carreras en Twitter, mientras que yo estoy en casa, perdiéndome toda la acción. No soy la misma persona cuando no corro, y todo lo demás lo padece. Algunas veces incluso empiezo a experimentar dolores fantasma en otras partes de mi cuerpo. De pronto, siento una punzada en mi pantorrilla o ardor en el tendón de la corva. Por fortuna, esto no sucede muy seguido porque soy uno de esos corredores que no están lesionados, pero sí ha sucedido las suficientes veces para saber que no quiero que suceda de nuevo. Como ese inútil Porsche que no quiere quedarse estacionado en la entrada, mi cuerpo siente que debe correr para funcionar bien. ¿Para qué comprar un Porsche si no vas a manejarlo?

Es interesante que nunca haya visto esta actitud en otro tipo de atleta o en quienes hacen mucho ejercicio. Conozco a muchas personas en la industria del ejercicio —entrenadores personales, instructores de grupo, estrellas de DVD para hacer ejercicio—, y ninguno se siente malhumorado si no entrena durante un par de días. Pero con los corredores existe un sentimiento de fatalidad inminente si no pueden correr.

Al empezar en primero de secundaria, quedé fascinado con el tiempo, especialmente con lo rápido que pasa y cómo cada año parece ir más rápido que el anterior. Como corredores, nuestra percepción del tiempo suele ser poco convencional. La segunda mitad de una carrera siempre parece ir más rápido que la primera, y algunas carreras parecen pasar volando, mientras que otras se alargan demasiado. Esta percepción cambiante del tiempo puede explicarse parcialmente por su relación con el esfuerzo; como dijo una vez el doctor George Sheehan, filósofo de carreras: "Entre más rápido corremos, más tiempo tarda". Cuando estamos lesionados o enfermos, y no podemos correr, nuestra percepción del tiempo también cambia, pues parece que toma eternidades poder salir otra vez y correr. Pero dejar de correr durante algunas semanas o meses es realmente sólo un parpadeo cuando comparamos los múltiples años que conforman nuestra vida como corredores.

Tara Ricciuto era una gran corredora a nivel estatal que cursaba la preparatoria y corrió becada en la primera división de la Asociación Nacional de Atletismo Colegial en un par de universidades. Era talentosa y nunca le asustaban los entrenamientos. Sin embargo, a lo largo de sus años de preparatoria y universidad se lesionó muy seguido con fracturas por estrés. Cada vez que le diagnosticaban otra fractura así, hacía entrenamiento combinado en el gimnasio como si fuera a participar en una olimpiada de CrossFit (antes de que éste existiera), haciendo entrenamientos de intervalos en la bicicleta estacionaria, corriendo en la alberca e incluso intentando correr en pavimento.

"Hacía un entrenamiento combinado muy duro para poder mantener la mejor condición posible, pues la competencia era intensa en la primera división de atletismo", dice. "En la universidad, sólo quería estar sana y poder correr con toda mi capacidad. Me parecía que había realmente una ventana muy pequeña de tiempo para lograr lo que debía hacer. Pensé que ya no correría después de la universidad, así que era muy importante para mí poder lograr lo que quería mientras todavía fuera universitaria. También estaba intentando cumplir con las expectativas de mis entrenadores y el potencial que creían que tenía".

Estaba tan determinada que nunca permitió que sus lesiones sanaran, así que sólo seguía lesionándose una y otra vez. Entre sus numerosas lesiones, tenía periodos de carreras brillantes. Yo admiraba su tenacidad y su voluntad de convertirse en una gran corredora. Desafortunadamente, muchas veces lo llevó demasiado lejos y nunca alcanzó el nivel que pudo haber tenido si hubiera podido entrenar consistentemente durante algunos años sin interrupciones. Durante uno de sus periodos lesionada, me fui de viaje con ella a la carrera de atletismo Penn Relays, en Filadelfia, para ver correr al resto del equipo, y casi me arranca la cabeza porque no busqué un gimnasio en la ciudad donde pudiera entrenar.

Cuando perdemos nuestra habilidad para correr por una enfermedad o una lesión, es fácil sentirse desamparado, vulnerable e incluso asustado porque nos quitan la condición y la vitalidad que obtenemos de correr. Con tantas personas que no quieren hacer ejercicio, es un aislamiento terrible cuando tienes toda la disposición, pero eres físicamente incapaz o quedas excluido de correr. Hay una inmensa diferencia entre no quererlo y que te lo quiten.

Mi mayor decepción por no correr y por la pérdida de condición que lo acompaña es la crisis existencial que se acumula y lo cerca que estás de la depresión. Siempre me he visto como alguien que trabaja para ser el paquete completo: mente sana en cuerpo sano. Correr es una parte muy importante de mí, pero lucho para que no sea todo en mí. En los días que no corro, que son pocos y espaciados, me siento culpable, como si me perdiera de algo importante. Supongo que esto entra en el rango de la adicción, y me imagino que otros dirán que sí soy adicto a correr. Curiosamente, las investigaciones han demostrado que el riesgo de desarrollar una adicción al ejercicio está asociado con el narcisismo. Las personas altamente comprometidas con el ejercicio tienen niveles sustancialmente más altos de narcisismo que las menos comprometidas. ¿Soy tan narcisista que no puedo perderme una sola carrera?

Cuando no puedo correr estoy profundamente decepcionado de encontrar tal debilidad y duda. Verdaderamente no puedo ser tan patético como para que lo único que importe sea perseguir un tiempo en el cronómetro o verme bien en el espejo. Tengo tantas otras cosas por qué estar feliz y agradecido, pero aquí estoy, sintiéndome débil, fuera de forma, aislado y ansioso.

Cuando no puedo correr, siento un deseo todavía mayor y más intenso de ayudar a otros a lograr sus metas. Me ha encantado ser entrenador desde hace mucho tiempo, pero cuando una enfermedad o una lesión me impide correr, me vuelvo todavía más apasionado sobre ayudar a otros corredores. Todas esas veces, no pude dirigir mi energía hacia correr, así que busqué dirigirla hacia alguien que sí podía, como un padre que vive indirectamente a través de su talentoso hijo.

Es difícil decir que mis descansos por las pocas lesiones u otras enfermedades que he tenido alguna vez valieron la pena como experiencias de aprendizaje porque, francamente, es horrible, y yo quiero correr. ¿Qué te enseñan las lesiones realmente? ¿Que no puedes hacer lo que quieres de la forma como quieres? Si te lesionas entrenando para un maratón, ¿te enseña que no puedes correr un maratón? Eso no es lo que quieres aprender.

Tal vez las lesiones te enseñen la importancia de entrenar de forma más inteligente, pero no necesariamente necesitas de una para aprender esa lección. He pasado toda mi carrera intentando enseñar a otros corredores y entrenadores cómo hacerlo inteligentemente, y he escrito múltiples libros al respecto. Por lo menos, las lesiones u otro tipo de descansos forzados ciertamente te animan a poner las cosas en perspectiva. Cada vez que vuelvo a correr, estoy más agradecido por ello y tengo la sensación de que debo cuidar que mi vida todavía sea satisfactoria si nunca puedo volver a correr. No correr no me resta valor como persona, y a ti tampoco, aunque a veces pueda parecer que sí. Somos más que un kilometraje total a la semana o un récord personal. Somos más que nuestro volumen máximo de oxígeno, que correr 16 kilómetros o que un número en una carrera. Sin embargo, también somos todas esas cosas. Correr no define quiénes somos; *nosotros* definimos quiénes somos.

Los corredores se lastiman. Es horrible y no queremos nada más que volver al camino o a la pista y correr otra vez, pero para vivir la vida de un corredor, debes permitir que tus lesiones sanen, en lugar de intentar entrenar a la par de ellas, como mi amiga Tara. Cuando estés lesionado, intenta discernir la causa de la lesión y haz todo lo que puedas para prevenir que se vuelva recurrente. Mientras te estés recuperando, sólo haz las actividades que no empeorarán tu lesión o retrasarán el proceso curativo. Todo entrenamiento empieza con una base de salud. Siempre escucha a tu cuerpo.

Tengo una amiga que piensa que tengo alguna aversión filosófica al entrenamiento de fuerza. Como levantadora de pesas experta e instructora grupal exitosa, creadora además de muchos DVD de ejercicio, dice que estoy fuera de equilibrio porque todo lo que hago es correr. Aunque sí elijo correr como mi entrenamiento diario, le sigo prometiendo que un día incluiré un poco de entrenamiento de fuerza para la parte superior del cuerpo, y haré que mis bíceps sean tan grandes como mis pantorrillas. La verdad es que no tengo aversión, ni filosófica ni de otro tipo, al entrenamiento de fuerza. Simplemente no me provoca la misma satisfacción que correr.

Podríamos decir que el ejercicio cardiovascular siempre será más importante que el entrenamiento de fuerza a lo largo de tu vida porque la enfermedad cardiaca es la causa más común de muerte tanto para hombres como para mujeres. Nadie se ha muerto nunca por tener un bíceps débil. Sin embargo, el entrenamiento de fuerza sigue siendo importante, y más conforme la gente envejece. Incluso me atrevería a decir que cada persona que pase de los 50 años debería hacer ejercicio de fuerza porque es la misma edad en la que la gente empieza a perder una cantidad significativa de masa muscular, y esa pérdida con la edad —llamada sarcopenia— afecta tu habilidad para funcionar. Si alguna vez has visto a un adulto mayor tratar de levantarse de una silla o qué tan catastrófica puede ser una caída para un anciano, sabes cuánto beneficio puede tener el entrenamiento de fuerza. Los efectos positivos de esta clase de entrenamiento en la densidad ósea, la fuerza muscular, la resistencia, el equilibrio, la coordinación, la movilidad funcional, la estética física y la autoestima son innegables. Pero incluso con la capacidad del entrenamiento de fuerza para lograr todo eso, además de darme bíceps y hombros que hagan a las mujeres desmayarse, todavía elijo correr como entrenamiento por encima de las pesas. Y conozco muchos otros corredores que hacen lo mismo. La mayoría de los corredores estaría encantada de cambiar unos bíceps marcados por los récords personales de los kenianos y etíopes tan delgados. La mayoría de los corredores estará de acuerdo en que ninguna otra actividad puede tomar el lugar de correr, y este sentimiento es distintivo de los corredores. Si existe una forma ideal de ejercicio, los corredores ya saben cuál es y ya la están haciendo. Muy pocas veces escuchas a un ciclista decir que no hay un sustituto para andar en bicicleta, o a un levantador de pesas decir que no hay un sustituto para la halterofilia. Si existe un "levantador de pesas dentro de nosotros", es difícil imaginar que produzca los mismos beneficios, la misma razón de ser, que el corredor que llevamos dentro.

Creo que la razón de esto se encuentra tal vez en la simpleza de correr: sólo eres tú y la libertad de tu movimiento. No hay equipo externo, no hay pesas que levantar ni bicicleta en la que debas cambiar la velocidad. Cuando corres, tus piernas son los cambios. Para correr más rápido o durante más tiempo, no hay nada que debas vencer más que a ti mismo.

Tan positivo es el efecto de correr en tu salud, como negativo no hacerlo. Un estilo de vida sedentario afecta tu salud a tal grado que está considerado como uno de los siete principales factores de riesgo para la enfermedad cardiaca. La falta de actividad física también aumenta el riesgo de ciertos tipos de cáncer. No hagas ejercicio y simplemente tendrás una mayor probabilidad de morir. Es una idea escalofriante porque usualmente asociamos la mala salud con las cosas que hacemos, como fumar, comer alimentos grasosos y altos en colesterol, comer demasiada azúcar y alimentos procesados, beber alcohol y consumir drogas. ¿Cuántas veces se nos ha dicho que fumar es una causa de cáncer? Todos saben eso. Pero nunca se nos dice que no hacer ejercicio también es una causa de cáncer. No solemos pensar en las consecuencias de *no* hacer algo. Pero así como la actividad física produce señales celulares y respuestas fisiológicas únicas, también lo hace la inactividad. Por ejemplo, la inactividad rápidamente emplea señales que causan la supresión de la enzima lipoproteína lipasa, lo que contribuye a un mal metabolismo de grasa, aumento de peso y obesidad. Por el contrario, correr incrementa la actividad de la lipoproteína lipasa, aumentando el metabolismo de grasa. Al no hacer ejercicio, la probabilidad de muchos malestares y enfermedades, incluyendo enfermedad cardiaca, ciertos tipos de cáncer, diabetes e incluso la atrofia de nuestro cerebro, crece. Piénsalo un minuto. Adelante, te espero. *En la ausencia de ejercicio aeróbico, provocamos enfermedad y malestar.* ¿Correr nos hace vivir más? Pues, no lo sé. Es difícil decir si algo nos hace vivir más. La ciencia realmente no puede constatarlo, pero hay una buena posibilidad de que sí.

Siempre escuchamos sobre las cosas que deberíamos dejar de hacer o no hacer. Nos dicen que dejemos de fumar.

Nos dicen que dejemos de beber. Nos dicen que dejemos de comer alimentos con un alto contenido de sal o con jarabe de maíz de alta fructosa, o con gluten o carbohidratos... Los múltiples defensores de las dietas bajas en carbohidratos han hecho que la gente crea que los carbohidratos son alguna clase de veneno. La pasta te mata, nos dicen, así que no la comemos. Los padres les dicen a sus hijos que no hagan esto o aquello.

Sin embargo, si *empezamos* algo o *hacemos* algo que nos da placer y nos satisface, automáticamente dejamos de hacer las cosas que no, y las cosas que causan dolor o mala salud en nuestra vida empiezan a desaparecer. No necesitamos decirle a un corredor que deje de fumar. Un fumador dejará de hacerlo rápidamente al empezar a correr. Correr nos conecta con las cosas que *deberíamos* hacer para vivir una vida sana.

Existe tanta evidencia científica para probar los beneficios biológicos de correr que es válido decir que correr puede ser la mejor cosa que puedes hacer por tu salud. Es incluso más importante que comer verduras.

Aunque correr conlleva un ligero riesgo agudo de ataque cardiaco ocasionado por el aumento de presión arterial, ritmo cardiaco y volumen cardiaco, los beneficios crónicos superan por mucho este riesgo. Si tienes una junta muy importante o un evento al que debes asistir en 30 minutos, y quieres vivir durante la siguiente hora, no corras. Las tragedias de Jim Fixx y Ryan Shay nos recuerdan el poder de nuestros genes. Pero si quieres vivir durante los siguientes 30 o 40 años, deberías correr casi todos los días, por el efecto que tiene en la expresión de tus genes.

Tu salud interna —las paredes de tus vasos sanguíneos, la limpieza de tus arterias coronarias, los niveles de glucosa, sodio y otros nutrientes en tu sangre, la cantidad de inflamación en tus células— se ve afectada por cuánto y qué tan duro corres. Desde la reducción de colesterol en la sangre y del riesgo de desarrollar diabetes, hasta la mejora de la función cognitiva y la atenuación de la depresión, no hay medicamento, no hay inyección ni otra forma de que puedas obtener todos los beneficios de correr diario. Si todos los beneficios de salud que tiene correr pudieran guardarse en una pastilla, sería la más prescrita en el mundo. Corremos porque nuestra vida depende de ello.

Hacía frío y viento el 3 de noviembre de 2013, mientras estaba de pie entre 50 000 corredores de todas partes del mundo, en el lado de Staten Island del puente Verrazano Narrows, esperando el sonido del cañón para empezar el maratón de la ciudad de Nueva York. Llevaba el listón rosa de cáncer de mama en el pecho izquierdo de mi playera para recordar a mi madre, que perdió el suyo por una mastectomía. Cuando el cañón disparó, Frank Sinatra —por quien mi madre se había ido de pinta con tal de verlo en vivo cuando era una niña— cantaba "New York, New York" a través de las bocinas. Choqué puños con uno de los policías que estaban resguardando el área, miré al cielo y le dije a mi madre: "Aquí vamos".

El maratón de Nueva York de 2013 fue mi primer maratón en 12 años. Aunque he sido corredor toda mi vida, me mantuve lejos de los maratones porque no soy maratonista. Siempre he sido mejor en las carreras más cortas y de velocidad. Me encanta la velocidad. Prefiero ponerme un par de picos de atletismo y correr los 1 600 metros de pista, que correr los 42 kilómetros de pavimento. Amo la sensación de correr con picos, pero había algo que me llamaba desde que mi madre murió en 2010. Así que, 12 años después de correr mi primer y único maratón, decidí entrenar para otro y regresar al lugar de donde vengo, de donde es toda mi familia, y correr a través de las calles de Nueva York para recaudar dinero para la Sociedad Americana del Cáncer en memoria de la mujer más fuerte que he conocido. Si ella pudo lidiar con el dolor del cáncer y la depresión y la desesperanza que experimentó hacia el final de su vida, por supuesto que yo podía correr otro maratón. Ella me dio piernas que podían correr después de todo.

Como pocas, esa particular carrera de mi vida como corredor no fue sobre el tiempo en el reloj. Ni siquiera fue sobre mí. Fue sobre querer hacer algo en memoria de mis padres, que dejaron este mundo muy pronto; y cuando corrí hacia el Bronx, el barrio en el que nació mi mamá y donde vivió hasta que se casó, y cuando corrí hacia Brooklyn, el barrio donde nació mi papá y donde vivimos como familia hasta que él murió, recordé esos días, esa familia, la vida que solía ser. Durante tres horas y media corriendo, el maratón me trajo a casa.

Entre los 50 000 corredores que participaron en el maratón de Nueva York ese año, hay 50 000 historias. En la línea de salida de cualquier maratón importante escucharás una historia por cada corredor. Algunos corren para salvar sus vidas después de un ataque cardiaco; otros para prevenir uno. Algunos corren porque se cansaron de tener sobrepeso y otros porque hicieron una promesa a un familiar moribundo. Y algunos son como yo, que en ese frío día en Nueva York corría en memoria de alguien a quien amo, alguien que me dijo mientras crecía que podía ser y hacer lo que yo quisiera, que me impulsó a perseguir mis metas, incluso si significaba vivir en otro país durante un par de años; alguien que me dijo que soy tan listo como mi muy listo hermano gemelo.

Durante los últimos tres años de la vida de mi madre, no podía caminar sin la ayuda de alguien más, pero me dio piernas y una fuerza interior que sí podían. Yo corrí porque ella no podía. Correr nos da poder y nos fortalece para hacer cosas que no podríamos o querríamos hacer.

Respirar con fibrosis quística es como respirar a través de un popote. Las vías pulmonares se inflaman y pueden bloquearse por la mucosidad gruesa y pegajosa. Con el tiempo, los pulmones crean cicatrices de tanto combatir infecciones, volviendo ciertas partes del pulmón incapaces de funcionar adecuadamente.

"Aprendí a correr y a toser al mismo tiempo, y algunas veces a orinar en mis pantalones mientras lo hacía, para poder despejar mis pulmones del aumento de mucosidad", dice. "Cuando despejo mis pulmones puede entrar más aire. El esfuerzo de liberarlos de la mucosidad es una tarea diaria que nunca termina". Las ocasiones en que llega a toser sangre después de correr es porque que está peleando contra una infección y forzó demasiado sus pulmones.

Correr no es sólo algo que a Sabrina le gusta hacer; en realidad es parte de su rutina médica. Le permite toser y expulsar la mucosidad gruesa y pegajosa que contiene bacterias y provoca infecciones pulmonares. "No hay una mejor forma de trabajar mis pulmones físicamente que correr", dice. "Siento que correr mantiene sanos mis pulmones, mi mente y mi cuerpo. Correr me hace responsable de mi propia salud".

Con un título de educadora a nivel primaria de la Universidad de Colorado-Denver, tuvo que tomar una fuerte decisión al dejar de lado la enseñanza para no arriesgar a los niños estando cerca de infecciones pulmonares. Se casó con su novio de la preparatoria y, después de que le dijeran que la quimioterapia, la radiación y la fibrosis quística podían dejarla infértil, su esposo y ella tuvieron a su primer hijo en marzo de 2015.

Hoy en día, Sabrina ha corrido más de 10 medios maratones, tres carreras de montaña de 26 kilómetros y muchas carreras de 10 y 5 kilómetros. Su siguiente meta es correr un maratón. Cuando le pregunté qué es lo que correr le ha permitido hacer que no hubiera podido realizar de otra manera, se soltó con una lista de cosas que haría que cualquier corredor sano diera un paso para atrás y se diera cuenta de qué afortunado es.

"Correr me ha permitido vivir una vida, en lugar de sobrevivir. Me ha ayudado a permanecer activa y en forma, y me ha mantenido lo suficientemente sana para buscar una educación a nivel superior, casarme, soñar sobre mi futuro, concebir y cargar a mi bebé a pesar de las probabilidades en contra. Correr me ha mantenido fuera de la lista de trasplantes de pulmón y lejos del hospital durante los últimos cuatro años. Me ha dado la oportunidad de tener esperanza por una cura para la fibrosis quística en lo que me queda de vida."

A pesar de sus problemas de salud, Sabrina sabe que también tiene suerte. "No cualquiera tiene la capacidad de correr", reconoce. "La fibrosis quística y el cáncer no son pretextos para evitar que corra; continuarán alimentando el fuego que me inspira a seguir corriendo. Correr es una forma de mantener mi alma, mis pulmones y mi cuerpo felices. Tengo la habilidad de correr y continuaré haciéndolo hasta que ya no me sea posible. Correr me mantiene viva."

Mejores carreras

Lo mejor en la vida puede venir
de lugares inesperados.

El condado Owsley se encuentra en los yacimientos de carbón, en las montañas del este de Kentucky. Con una población de sólo 4 755 habitantes, es el segundo condado más pequeño de ese estado. De acuerdo con el censo de 2010, el condado Owsley es el segundo más alto en pobreza infantil de cualquier otro de Estados Unidos.

En el pequeño pueblo de 81 personas de Booneville, es la última carrera de la temporada para el equipo de campo traviesa de la preparatoria del condado. Se preparó una ceremonia en honor a Cody Johnson y a los otros estudiantes de último año del equipo, antes de correr por última vez en casa.

Cody empezó a correr en primero de secundaria, como refuerzo del basquetbol. Decidió darle una oportunidad a las carreras a campo traviesa y rápidamente se enamoró del deporte. Su carrera en la preparatoria fue exitosa: ganó el título regional de 800 metros en pista y quedó entre los cinco primeros en cada competencia regional.

En casos como estos, cuando los atletas son tan buenos, suele sobresalir el entrenador del equipo, pero en la escuela de Cody, el entrenador no era gran cosa.

"Al entrenador no le importaba", dice Cody. "Nunca tuvimos prácticas de ningún tipo en todo el tiempo que estuve en la escuela".

Así que Cody hizo lo que cualquier niño de secundaria haría, se entrenó a sí mismo, obtuvo algunos consejos de los entrenadores de otros equipos en carreras a campo traviesa y leyó muchos libros y artículos para aprender por su cuenta.

Funcionó. "Tuve mucho éxito en mi primer año de competencia en secundaria y me gané un lugar en el equipo de atletismo en segundo año." Continuó entrenando solo, se convirtió en el mejor corredor del equipo para el final de la temporada y no calificó en el campeonato estatal sólo por cinco segundos.

"Todo ese éxito me hizo muy humilde y responsable", dice.

El siguiente año, después de completar su primer año, participó en algunas carreras de 3 y 5 kilómetros durante el verano, y tuvo algo de competencia de un corredor local llamado Logan Campbell, quien estaba por empezar su primer año de preparatoria en Owsley. Sin embargo, Cody y Logan no serían compañeros de equipo. Serían rivales, pues Cody no fue a la preparatoria del condado Owsley, sino a la del condado Lee, en Beattyville, Kentucky, un pueblo cercano de sólo 5 kilómetros cuadrados y 1 307 habitantes, donde lo más emocionante que sucedía en todo el año era quizá el festival Woolly Worm, en la tercera semana después del primer lunes de octubre. La preparatoria del condado Owsley era el *enemigo* de Cody.

"No puedo expresar el odio tan amargo entre nuestras dos escuelas", dice Cody, con el fervor de un atleta preparatoriano que quiere aplastar a su oponente. Como todo muchacho que creciera en el condado Lee, creció odiando al condado Owsley.

¿Por qué entonces se estaba honrando a Cody Johnson, un corredor de la feroz escuela rival, en la preparatoria Owsley ese día? Para comprender la razón necesitamos comprender cómo es que la competencia y la cooperación moldean nuestra evolución.

La competencia está en nuestro ADN. Muchos biólogos evolucionistas creen que la principal presión que mueve a la sociedad humana es la competencia con otros grupos humanos. Dos tipos de especies no pueden compartir la misma tierra. Así, los humanos primitivos debieron competir contra su ancestro inmediato por la tierra, tal como los humanos modernos lo hicieron con su ancestro inmediato. Los científicos argumentan que, al competir dentro de su propia especie, los humanos apoyan la probabilidad de éxito de su información biológica para futuras generaciones. Por tanto, es probable que los humanos compitieran por su éxito reproductivo principalmente con otros dentro de su misma especie. La mayoría de los seguidores de Charles Darwin cree que los humanos no tienen comportamientos que sean por el bien de su especie. La teoría de Darwin de la selección natural favorece el comportamiento egoísta porque los actos altruistas sólo sirven para incrementar el éxito reproductivo de quien recibe, mientras que disminuye el del donador. Sin una competencia, no hay incentivo para que los organismos realicen nuevas y ventajosas mutaciones genéticas sobre los organismos más viejos sin tal gen. Así, sin la competencia, no habría una selección natural ni una tendencia evolutiva ascendente. La supervivencia del más fuerte.

Sólo que no es tan simple. Al buscar entre libros sobre antropología y evolución, uno se encuentra con la palabra *cooperación* tan seguido como la palabra *competencia*. Una cantidad de biólogos evolucionistas y los antropólogos han sugerido que la cooperación, en lugar de la competencia, ha sido el factor principal en la evolución. La palabra *competencia* misma viene del latín *competere*, buscar o lograr juntos. Cuando competimos queremos lograr algo juntos para el bien común de nuestra especie, en lugar del individual. Los humanos primitivos tuvieron que cooperar para poder sobrevivir. Usaron gritos de alarma cuando los enemigos se aproximaban, se sometían al liderazgo del macho más fuerte, cazaban en grupos. Todos estos comportamientos ejemplifican la necesidad del hombre de cooperar. La cooperación y la competencia se dan juntas. Cody Johnson y Logan Campbell no son una excepción a esa regla. *Son* la regla, y son además la clave para mejores carreras.

Durante la temporada de campo traviesa en el segundo año de Cody, Logan y él continuaron corriendo hombro con hombro en todas las carreras, decidiendo el resultado de todas ellas en los últimos 800 metros. "Desarrollamos una fuerte amistad a partir de esta rivalidad", dice Cody.

Con nadie más a su nivel dentro de sus pequeñas comunidades, empezaron a entrenar juntos. Vivían a sólo 18 kilómetros de distancia.

Todo este tiempo, Cody se había entrenado a sí mismo. En su primer año de preparatoria, su entrenador ni siquiera se presentó a muchas de las carreras. Ese año, quedó en el lugar 25 del campeonato de campo traviesa del estado de Kentucky.

Un día le llegó una invitación de Sylvia Havicus, la entrenadora de atletismo de la preparatoria del condado Owsley, para que practicara con su equipo durante el verano antes de su último año.

"No podía creerlo", dice Cody. "Fui a entrenar con ellos cada vez que pude". La entrenadora Havicus incluso le permitió ir en el autobús con su equipo a las carreras de campo traviesa en los fines de semana que, de otra forma, no habría podido correr.

"Básicamente me convertí en un miembro no oficial del equipo contrario de mi escuela", dice Cody. La entrenadora Havicus incluyó a Cody en artículos del periódico local sobre el equipo y lo reconoció en esa última carrera de la temporada porque su propio entrenador nunca lo había hecho con sus corredores antes.

"Fue realmente fantástico", dice Cody. "Esto me cambió profundamente como persona, me volví más apasionado con las carreras, me convertí en alguien más humilde y trabajador".

En el primer año de Cody, intentó convencer al distrito para revivir el programa de atletismo de su preparatoria, el cual había estado inactivo durante ocho años. Dijeron que no. Cody siguió intentando. El distrito cedió, pero había un gran problema: ningún maestro en su escuela quería entrenar atletismo. El distrito finalmente encontró a alguien para supervisar a los niños, y Cody mismo actuó como el entrenador de facto mientras que también competía; bastante responsabilidad para su primer año de preparatoria. Reclutó suficientes atletas para el equipo y pudieron competir en algunas carreras locales. Hizo lo mismo en su último año, el cual sería su mejor año hasta entonces gracias a un alumno de cuarto año de primaria.

Carreras lentas

Salgo de mi casa a las 7:00 a.m., y mi playera verde lima resalta por la luz de la mañana, mientras el sol se asoma entre las montañas. Bostezo. Saludo con una inclinación de cabeza a mi vecino que está afuera regando sus plantas, y empiezo. Cada vez que corro es un nuevo comienzo. Durante los primeros minutos siento mis piernas, mi respiración, mi ritmo. En esos primeros minutos puedo saber si la carrera será buena o no. Me esfuerzo cada vez para intentar que esta actividad tremendamente simple y, sin embargo, tremendamente compleja, sea mejor que ayer. Los primeros pasos son los más difíciles; mis tendones y mi fascia todavía están tiesos con los rescoldos del sueño. Después de algunos minutos, todo se empieza a aflojar y no hay más esfuerzo. Los pasos se sienten suaves y cómodos, mis piernas encuentran su propio ritmo, un metrónomo interno. El nodo senoauricular de mi corazón dicta un ritmo de 130 a 135 latidos por minuto, sólo los suficientes para que esté consciente de su actividad. Minutos después, llego a un ritmo que puedo mantener para siempre y paso la siguiente hora explorando lo que es ese para siempre.

Las mejores carreras son las que se corren lento. Los científicos nos dicen que las carreras lentas son buenas para la salud. Los humanos son animales aeróbicos después de todo. El impulso constante de oxígeno a través de los vasos sanguíneos es un estímulo soberbio para despertar esos vasos y mejorar la perfusión de todos tus órganos.

La ciencia también nos dice que las carreras lentas son buenas para volverte un mejor corredor. Demasiados corredores sienten que cada día de entrenamiento debe ser duro, que deben acelerar el paso y corretear el tiempo en un cronómetro. Los sistemas escolares en Estados Unidos presionan a los niños durante sus años de desarrollo para correr muy seguido, y al hacerlo, se extralimitan y suelen quedar exhaustos, física y mentalmente. Si quieres ser un corredor más veloz, primero debes pasar mucho tiempo corriendo despacio y en control, dominando cada carrera y cada nivel de entrenamiento antes de pasar al siguiente. Físicamente, correr lento es relajador y restaurador, además de desarrollar tu cuerpo. Cuando lo haces bien, y con paciencia e intención, correr lento crea la base para correr mucho más rápido después.

Correr lento también te da la oportunidad de disfrutar de tu entorno y aprender sobre el lugar en el que te encuentras. ¿Cuántas personas realmente saben dónde están? Correr te puede llevar a lugares que los autos no. En carreras lentas puedes explorar el medioambiente, puedes ver los árboles, escuchar a los pájaros, apreciar los aromas. Puedes notar cosas. Puedes tener conversaciones y reír con amigos.

Una vez que estás en forma, correr tranquilo es fácil. Millones de personas en todo el mundo lo hacen todos los días. Si dejamos de lado los beneficios físicos, correr lento y tranquilo —especialmente cuando esa lentitud y esa tranquilidad duran lo suficiente— tiene el poder de dirigir tu energía y enfocarte hacia el interior. Las carreras lentas separan el cuerpo de la mente. Te dan una oportunidad de pensar y reflexionar sobre cosas, eventos y gente en tu vida. Si eres religioso, puedes incluso tener una conversación con Dios. Puede ser una experiencia emocional e incluso catártica.

Cuando yo corro lentamente, mi mente divaga; rara vez permanece en un solo pensamiento a lo largo de toda la carrera. Algunas veces pienso en mis problemas o sobre lo que quiero escribir, o en las cosas que tengo que hacer ese día. Algunas veces no pienso en nada.

El lugar donde corro muchas veces dicta esos pensamientos. He conocido tantos corredores que corren el mismo trayecto de 8 kilómetros todos los días. Incluso he conocido a algunos corredores que siempre corren en una caminadora, sin importar qué tan agradable esté el clima afuera. Por conveniencia, yo corro por las calles de mi colonia más que en cualquier parte. La soledad y el aislamiento del camino se prestan para el pensamiento y la introspección. Correr es un sendero hacia la autoexploración. He aprendido, a través de mis horas en el camino, cómo convertirme en mi propio psicólogo, cómo entrenar el interior y no sólo el exterior. La línea blanca de la calle es como un mejor amigo. La sigo a través de las calles locales. Siento la suave brisa en mi rostro, evaporando mi sudor y enfriándome. Huelo el suavizante fresco en la ropa limpia de alguien cuando paso por su casa. Los mejores caminos son en los que nadie está manejando, nadie está caminando, no hay nadie en absoluto, sólo esa línea blanca y yo. Es a la línea blanca, como a un amante, a la que regreso cada día cuando algo en mi vida no va como yo quiero, cuando algo no está bien. Y cuando termino de correr, una parte realmente sin fin en mi viaje, estoy contento por saber que la línea blanca estará ahí otra vez cuando corra mañana.

Muchas personas que conozco me dicen que corrieron en pista o a campo traviesa en la preparatoria. Algunas veces toma tiempo para que ese pedazo de información sobre ellos llegue a la superficie. Parece que algo se pierde entre el recreo escolar, cuando corríamos veloces por todas partes, o en la pista, donde corríamos a toda velocidad en la preparatoria, y el escritorio atestado de cosas en la oficina. Perdemos nuestra emoción respecto a la velocidad. Tal vez sea porque los humanos estamos más diseñados para la resistencia que para la velocidad. Tal vez los adultos necesiten más tiempo para contemplar mientras corren, así que necesitan correr lento y tranquilo más seguido. Tal vez los adolescentes y los adultos jóvenes no tengan todavía la historia de vida que promueva la necesidad de contemplación en sus carreras. Todo lo que sé es que es mucho más fácil para los adultos correr lento y tranquilo, que correr rápido y duro. El aumento tan grande de los medios maratones y los maratones puede asegurarlo. La gente encuentra atractiva esta persecución lenta y larga. A los humanos les gusta presionar el límite de la resistencia tal vez porque, cuando lo hacen, descubren qué tanto pueden resistir, y ésa es la gran metáfora de la vida. Nuestra habilidad para resistir situaciones difíciles, nuestra habilidad para resistir una mala salud, nuestra habilidad para resistir el estrés es lo que nos hace humanos.

Carreras rápidas

Si ves correr a niños de cuarto de primaria, notarás que corren rápido por breves periodos de tiempo, se detienen a intervalos para recuperar el aliento y corren rápido de nuevo por otro breve periodo. No corren lento instintivamente durante periodos largos de tiempo, sin detenerse. Los niños de cuarto año quieren correr rápido. Desde que corrí los 45 metros como parte de las pruebas presidenciales en cuarto año, supe que a mí también me gustaba correr rápido.

Las mejores carreras son las rápidas. Si quieres correr más rápido, hazlo. Correr lento todo el tiempo, aunque tiene numerosos beneficios físicos y psicológicos, sólo te vuelve un corredor lento. Hay un lugar y un momento para correr rápido. Correr rápido y duro requiere algo que correr lento no. Ambos tipos de carreras ofrecen grandes recompensas, pero desafortunadamente, muchos adultos se limitan a correr lento. Los niños, por otra parte, adoran correr rápido. Cada vez que entreno a un equipo de pista o de campo traviesa de preparatoria o universidad, una gran cantidad de atletas inevitablemente pregunta: "Entrenador, ¿cuándo vamos a trabajar más velocidad?". Los niños y los adultos jóvenes adoran presionarse. Lo harían todos los días si pudieran. Es emocionante ver a los niños correr rápido. Lo necesitan. Y yo también. Nunca he perdido mi fascinación por la velocidad y por lo que puede hacer con mi cuerpo y mi mente.

Desde esas pruebas presidenciales, he sido mejor en carreras más cortas que largas. Me gusta correr rápida e intensamente. Le queda a mi personalidad intensa. Ahora, en mis cuarenta, tengo miedo de dejar la velocidad de mi juventud, así que muchas veces vuelvo a la pista para correr rápido. Es divertido. Es una experiencia completamente diferente de correr lento. Nos permite dejarnos ir, sentirnos poderosos y fuertes, recurrir a fibras musculares de contracción rápida que pasan dormidas el resto del día. Lo curioso sobre las fibras musculares es que su reclutamiento está dictaminado por lo que necesitamos para realizar una tarea. Si nunca corremos rápido, nunca reclutamos a las fibras de contracción rápida, hasta que corremos lo suficiente para agotar totalmente a las de contracción lenta, y entonces reclutar a las rápidas como reserva. Cuando corremos rápido, sin embargo, reclutamos casi todo en nuestro arsenal, las fibras de contracción lenta y rápida. Como dicen: si no lo usas, se atrofia.

Otra cosa curiosa sobre las fibras musculares es que, si les ponemos suficiente atención, podemos *sentir* la diferencia entre reclutar las fibras de contracción lenta y las rápidas. Los pasos rápidos crean una sensación de estar flotando, de gran energía y agresividad. El escenario en tu visión periférica se mueve a gran velocidad. Los pasos ligeros y veloces brincan del suelo, como un corredor keniano con una garrocha para saltar. Pop, pop. Hay una suavidad y una poesía en el movimiento, que rivaliza con cualquier otro movimiento atlético.

Cuando corro rápido, soy un animal enjaulado con la puerta de la jaula abierta. Correr rápido nos vuelve libres.

Carreras largas

Los humanos tenemos un interés apremiante por la resistencia. Romantizamos las historias de Filípides y los escaladores del Everest, de triatletas de Ironman y corredores de ultramaratones, envidiosos de sus hazañas. Incluso quienes no corren ven los maratones y se preguntan cómo y por qué. Si sé algo sobre correr y sobre los corredores, es que es mucho más fácil que las personas puedan correr largas distancias despacio, que distancias cortas muy rápido. Cada vez que voy a la pista a entrenar intervalos, soy el único ahí. Pero cuando voy a correr tranquilo por mi colonia, veo a muchas personas haciendo lo mismo. La explosión en popularidad de las carreras de maratón y medio maratón en Estados Unidos y el mundo avalan lo mismo: a la gente le gusta correr largas distancias, tal vez porque correr así reta la resistencia humana. A la gente le atrae más la resistencia que la velocidad. Puede haber muchas razones para esto. Tal vez las personas piensan que, si no son veloces desde un principio, correr rápido no es para ellas. La gente tiende a asociar la velocidad con ser un atleta, y muchos (la mayoría) no se ven como atletas. Asimismo, la gente que tiene sobrepeso o está fuera de forma tiene dificultades para tolerar la molestia física que implica un entrenamiento de intervalos. Quizá la gente piensa que cualquiera puede correr lento, así que el reto se enfoca hacia correr lento lo más posible, para resistir en lugar de correr a toda velocidad.

Las mejores carreras son las largas, lo suficientemente largas para que aprendas cosas que no sabías y sientas cosas que no sentirías de otro modo. He llegado a la conclusión de que no hay mucho en la vida que una carrera de 32 kilómetros no pueda arreglar. En las carreras largas, trabajo el interior en lugar del exterior. Cambian la forma en que percibo lo que estoy haciendo. Inicialmente, veo y escucho todo. Mis sentidos se intensifican mientras sigo la línea blanca del camino a través de las calles de mi colonia, un parque cercano o un camino para bicicletas. Escucho un silencioso auto eléctrico acercándose a mí por detrás. Si corro con alguien, escucho a mi compañero y contribuyo a la conversación, tal vez riéndome de sus chistes colorados. Cuando empiezo a fatigarme, paso de estar consciente del ambiente y de mi compañero a estar íntimamente conectado con mi cuerpo. Ya no escucho el auto aproximándose o noto el bache en el pavimento. Siento el esfuerzo de cada músculo fatigado, ya sin combustible, intentando hacer una contracción más. Empiezo a sentirme solo y vulnerable, cada zancada me lleva más adentro de mí mismo, más lejos de la civilización, más cerca del descubrimiento. No quiero hablar con nadie.

A través de mis horas en el camino me vuelvo lo que quiera o quien quiera ser, y lo que quiero, más que cualquier cosa, es convertirme en una mejor versión de mí mismo. Trabajo lo que esté mal en mí porque creo profundamente que ése es el camino hacia volverme mejor y estar orgulloso de mí mismo. No es una mala manera de pasar una mañana de domingo.

Carreras con ritmo

Solía entrenar a un corredor talentoso que corría los primeros 2 kilómetros de todas las carreras demasiado rápido, sólo para bajar la velocidad dramáticamente durante los últimos segmentos y terminar decepcionado con el resultado. Él creía que era mejor que sus entrenamientos y dejaba que su espíritu competitivo y su adrenalina antes de la carrera opacara el conocimiento de su verdadero nivel de condición. Era frustrante verlo empezar tan bien y ver cómo se hacía más lento con cada vuelta a la pista. Fue sólo después de que comprendió lo que es mantener un ritmo adecuado y aprendió a controlarse a sí mismo, que vio el nivel de éxito que ambos sabíamos que podía obtener.

Las mejores carreras son las carreras con ritmo. Yo paso mucho tiempo hablando a corredores sobre el ritmo. El error más grande que los corredores tienden a cometer cuando compiten o hacen entrenamientos de intervalos es empezar demasiado rápido, muy por encima del nivel de su condición. Ignoran o no aprenden de su entrenamiento cómo mantener un paso sostenible de forma realista durante toda la carrera. Entre más rápido corres la primera mitad de una carrera, más dependen tus músculos del metabolismo independiente de oxígeno (anaeróbico) para producir energía. Con esta dependencia hacia el metabolismo anaeróbico y el trabajo muscular viene un aumento en la acidez del músculo y la sangre, y la acumulación de metabolitos que causan fatiga. Así que no quieres correr demasiado lejos por encima de esa línea cuando acabas de empezar una carrera o un entrenamiento. No importa que la carrera sea de 1 500 metros o sea un maratón, no puedes guardar tiempo al correr. Terminarás perdiendo más tiempo al final de lo que ganaste al principio por adelantarte. No importa qué tanta sea tu fuerza de voluntad para impulsarte a pesar del dolor, la condición metabólica causada por correr demasiado rápido demasiado pronto te forzará a bajar la velocidad durante las siguientes etapas de la carrera. Nuestros músculos se fatigan por una razón, así que bajamos la velocidad para protegerlos de cualquier daño.

Realiza todos tus entrenamientos y carreras con un ritmo y un enfoque que te permitan correr una aceleración negativa: la segunda mitad un poco más rápido que la primera. Para acelerar negativamente en una carrera necesitas un conocimiento preciso de tu nivel de condición, confianza en que seguirás el plan cuando los otros corredores empiecen a ir a un ritmo más rápido y una buena dosis de autocontrol. La estrategia más económica en una carrera, cuando quieras lograr un tiempo específico en vez de un lugar específico, es prevenir grandes fluctuaciones en el ritmo y correr lo más uniformemente posible hasta que estés cerca de la meta.

Para convertirte en un mejor corredor, el ritmo es una de las mejores cosas que puedes aprender sobre ti mismo. Uno de los corredores que entreno me escribió un correo después de correr 14 kilómetros con un tiempo sólido, "Aprendí (y sigo aprendiendo) sobre mi ritmo. Si me presiono a tener un ritmo preestablecido cuando mi cuerpo no está listo, mi entrenamiento (o carrera) entero lo padece. Mi cuerpo me dice cuándo está bien subir la velocidad. Si lo escucho, como lo hice hoy, me desempeño mejor, usando menos esfuerzo para el mismo ritmo. Si no lo escucho, parece que nunca gano la fluidez que siempre estoy intentando lograr en los entrenamientos y las carreras". Correr con ritmo nos enseña el arte del autocontrol, de racionar nuestro esfuerzo a la larga. Domina el ritmo y te dominarás a ti mismo.

Escucha al corredor que llevas dentro. Cuando estés en una carrera, pregúntate en el primer kilómetro (o la primera vuelta o dos de una pista): "¿Realmente puedo mantener este ritmo hasta el final?". Sé honesto contigo mismo. Si la respuesta es sí, adelante. Si la respuesta es no, entonces baja el ritmo para que puedas tener una mejor carrera. Los mejores entrenamientos y las mejores carreras se dan cuando estás en control de ellos y de ti mismo todo el tiempo, y eres capaz de correr más rápido en las últimas etapas, y no cuando el entrenamiento o la carrera te controla a ti y sólo estás intentando mantener el paso, esperando la línea final.

Convertirte en un mejor corredor significa familiarizarte íntimamente con diferentes ritmos y cómo se siente tu cuerpo. Si puedes desarrollar un reloj interno, te evitará empezar las carreras demasiado rápido. Te volverás más consciente de lo que estás haciendo en tus entrenamientos y carreras, en lugar de sólo mandar a volar las precauciones y esperar lo mejor. Un ritmo adecuado es vital para el éxito en la mayoría de las carreras, y se vuelve más importante entre más largas sean. En el maratón, por ejemplo, desviarte por más de 2 por ciento de tu ritmo promedio al correr es metabólicamente más caro que desviarte por más. Al aprender cómo se sienten los diferentes ritmos, llegas a un punto en que, si alguien te dice "corre a un paso de 5 kilómetros", puedes hacerlo sin mirar tu reloj. Para lograrlo, a veces les quito los relojes a mis corredores cuando están entrenando en la pista y les doy indicaciones en cada vuelta sólo con mi cronómetro, para que puedan aprender el ritmo del entrenamiento. Usa tus prácticas para aprender el sentido del ritmo. Las pistas son invaluables para esto. Cuando entrenas en pista, puedes monitorear el ritmo cada 100 metros porque las pistas están marcadas con segmentos de esa longitud. Si no eres bueno con el ritmo, calcula el paso de tu entrenamiento para cada 100 metros y mira tu reloj en cada marca. Ajusta el ritmo si vas demasiado rápido o demasiado lento. Después de que hayas hecho eso en algunos entrenamientos, mira tu reloj cada 200 metros, luego cada 300 metros y luego cada 400 metros. Para carreras largas, como el maratón, haz algunas de tus carreras sobre caminos señalados y practica el ritmo al mirar tu reloj cada kilómetro o después de cierta cantidad de kilómetros. Con el tiempo, adquirirás un sentido agudo del ritmo que podrá competir contra un metrónomo.

Correr incluye varios ritmos internos, todos con sus propios ritmos trabajando juntos. Tu corazón, tu zancada, el movimiento de tus brazos y tu aliento son ritmos controlados y modificados intrínsecamente, y que definen la intensidad y la sensación de tus carreras. Cuando incrementas tu ritmo de un trote lento a una carrera a toda velocidad, tu ritmo cardiaco se acelera para enviar más sangre a los músculos trabajando, con tal de empatar su demanda de oxígeno. El ritmo de las zancadas aumenta, acompañado de una zancada más larga para acelerar el paso. El movimiento de los brazos se incrementa exactamente la misma cantidad que el ritmo de las zancadas para equilibrar lo que las piernas están haciendo y calmar a Isaac Newton, porque cada acción debe tener una reacción opuesta e igual. El ritmo de la respiración aumenta, acompañado de respiraciones más profundas para mantener el paso con el ritmo cardiaco y exhalar el dióxido de carbono que se está acumulando en tu sangre por el aumento en la actividad metabólica. Cuando todo sale bien, todos estos ritmos se alinean para crear no sólo una mejor carrera, sino una mejor experiencia.

Carreras de aliento

Cuando corremos, notamos nuestra respiración desde los primeros pasos. Es quizá la marca más sensible que nos dice qué tan duro estamos corriendo. No hay nada mejor como la sensación de una carrera profunda que te hace respirar más de lo que alguna vez pensaste que podrías. Si alguna vez has hecho entrenamiento de intervalos en mayor altitud, la sensación de respiración que experimentas literalmente te quita el aliento. Nos hace estar conscientes de lo cercano que es el vínculo de la respiración con la vida.

El aumento de respiración en una mayor altitud, incluso cuando no estás corriendo, es el indicador obvio de una serie de cambios sutiles en tu cuerpo, incluyendo reducciones en el contenido de oxígeno en tu sangre, en el plasma, en todo el volumen de sangre y en el volumen sistólico, e incrementos en la pérdida de fluidos, en el ritmo cardiaco en reposo y en el ritmo metabólico en reposo. Cuando corro a cierta altura, soy más que un corredor, soy la personificación de la fisiología.

Las mejores carreras son las que tienen que ver con tu respiración. Uno podría pensar que correr es sólo sobre respirar. Después de todo, es a través de nuestros pulmones que obtenemos el oxígeno que nuestras piernas utilizan para correr. Muchos nuevos corredores se quejan de que no pueden respirar cuando empiezan a correr dando la vuelta a una manzana, o en la caminadora, y deben detenerse para recuperar el aliento. Se frustran con sus pulmones porque los perciben como una limitante de su habilidad para correr. De hecho, inhalar suficiente aire y controlar el aliento se encuentra ante todo en sus mentes. Cuando corren, jadean y exhalan tan duro que casi salen volando sus Nike. El esfuerzo percibido suele ser difícil porque, como corredores, vinculamos nuestro esfuerzo a la dificultad con que respiramos; sabemos que estamos trabajando duro cuando respiramos fuerte. El reto de controlar el aliento es una de las principales razones por las que la gente se da por vencida y deja de correr.

Es una maravilla de la fisiología que logre entrar suficiente aire a nuestro cuerpo, cuando las fosas nasales tienen el tamaño de un chícharo. Incluso el espacio entre los labios semicerrados es demasiado pequeño considerando la demanda fisiológica de oxígeno cuando corremos. Un hombre corpulento que en descanso respira alrededor de 0.5 litros de aire por inhalación y alrededor de 6 litros por minuto, respira alrededor de 200 litros por minuto cuando corre rápido. Son muchos litros de aire entrando en los pulmones cada minuto. Intenta llenar una manguera con 200 litros de agua en un minuto. Te hace sentir mucho más respeto por los pulmones y por el elegante proceso de difusión.

Hay una técnica antigua de respiración asociada con el yoga llamada prãnãyãma, lo que significa "el control del aliento". Entre los yoguis, el aire es la fuente principal del prãna, una fuerza fisiológica, psicológica y espiritual que permea el universo y se manifiesta en los humanos a través del fenómeno de la respiración. Los maestros y estudiantes de yoga creen que controlar la respiración al practicar prãnãyãma despeja la mente y provee una sensación de bienestar.

Controlar la respiración puede tener mayores implicaciones de lo que los yoguis imaginaron. Cuando corres, notas que tu respiración a veces se sincroniza con tus pasos. Esta interesante característica, que fue el tema de mi tesis doctoral, sucede sin que siquiera lo pensemos. Los corredores, especialmente los de cuatro patas, arrastran su ritmo de respiración junto con el ritmo del movimiento de sus extremidades. Arrastrar, que literalmente significa "llevar uno con el otro", se refiere a la condición de una variable forzada a seguir el paso de otra.

En los animales que corren en cuatro patas, el movimiento de su cavidad torácica cuando respiran en realidad ayuda al movimiento de sus extremidades, forzando que cada respiración ocurra con cada paso. El arrastre del ritmo respiratorio con el del movimiento en los humanos es un poco más variable, dada la separación anatómica mayor entre nuestra cavidad torácica y nuestras piernas. Pero sucede más seguido entre más experimentado te vuelves. Como dice el ultramaratonista y zoólogo Bernd Heinrich en su libro, *Why We Run*:

> El ritmo de mis pasos es constante, invariable [...] está cronometrado inconscientemente por mi respiración [...]. Tres pasos con una larga inhalación, un cuarto paso y una rápida exhalación. Una y otra y otra vez. Mi mantra.

Conforme te vuelves un corredor competente, el ritmo de zancadas, en efecto, controla la respiración. La versión de prānāyāma de los corredores.

Carreras conscientes

Cuando vi a Michael Jordan jugar basquetbol, quedé sorprendido de cómo movía su cuerpo en la duela, pasando frente a defensas y moviéndose hacia la canasta. Era como si cada uno de sus movimientos estuviera coreografiado, aunque los estaba inventando realmente al instante; su cuerpo sabía qué hacer para tener éxito. Era capaz de ver los huecos en la cancha, así como los corredores pueden ver los huecos en el campo de futbol americano y cambiar rápidamente de una dirección a otra. Su cuerpo sabía y sentía su posición en el tiempo y el espacio. Cada movimiento era automático. Le daban la pelota y su cuerpo sabía qué hacer con ella. Michael

Jordan tenía un gran sentido de la cinestesia. Estaba íntimamente consciente de sus movimientos.

En el otro lado del espectro de movimiento se encuentra el infante que acaba de aprender a caminar, cuyo cerebro debe concentrarse en dar un solo paso hacia adelante. El niño está empezando a aprenderse su cuerpo y cómo se mueve. Está desarrollando un sentido de cinestesia básico, lentamente volviéndose consciente de sus movimientos.

La cinestesia describe la sensación de detectar la posición, el peso o el movimiento de los músculos, tendones y articulaciones. La palabra viene del griego *kineín*, moverse. Es la raíz de las palabras kinesiología, el estudio del movimiento; cinemática, la rama de la ciencia que estudia el movimiento de un cuerpo en consideración con su posición, velocidad y aceleración, y cinética, la rama de la ciencia que estudia las fuerzas producidas por y actuando sobre un cuerpo en movimiento. Un niño, cuyo cerebro apenas empieza a escribir el patrón motor para caminar, inicialmente tiene un sentido cinestésico pobre, mientras que los atletas de élite tienen uno muy bueno. Tener un buen sentido cinestésico significa saber dónde está tu cuerpo en el tiempo y el espacio mientras se mueve a través de esas dos dimensiones con una calma y una fluidez increíbles. Verlo es hermoso.

Pero es difícil de emular. Muchos de nosotros hemos intentado encestar como Michael Jordan, anotar un gol como Wayne Gretzky, golpear la bola en el *tee* como Tiger Woods, correr tan rápido como Usain Bolt o correr un maratón como Haile Gebrselassie. Comparamos nuestros actos con los de los atletas de élite y nos preguntamos cómo pueden hacer que sus movimientos se vean tan fáciles, mientras que a nosotros nos cuesta trabajo, y notamos, entre el frenesí de clavar la pelota, los goles, los swings y las medallas de oro, que hay una cosa que todos tienen en común: la firme habilidad de mover su cuerpo perfectamente para adaptarse a la tarea.

La razón principal por la que un deporte es tan atractivo para el espectador es que es una forma de arte, quizá la mejor de todas. El atleta es el artista maestro, el Picasso. Pero en los deportes, a diferencia del arte, todo en realidad sucede, los movimientos de los atletas son reales, suceden en el momento, justo frente a nuestros ojos, y a pesar de la similitud entre los movimientos, cada acto de un atleta es único y virtualmente irrepetible. La manipulación del cuerpo humano para realizar movimientos bellamente complejos es una de las visiones estéticas más agradables en este mundo. Al menos para mí.

Podemos aprender mucho de los atletas que observamos. El proceso de entrenamiento necesariamente nos hace más conscientes de nuestro cuerpo y cómo funciona. Una mayor conciencia mejora nuestro sentido cinestésico. Tal vez por eso me gusta tanto correr, por su constante estado de conciencia. Poner un pie enfrente del otro es, después de todo, uno de los movimientos más básicos que realizan los humanos. Es la forma más pura del deporte. Es la esencia de la cinestesia.

Las mejores carreras son en las que estás consciente de tus movimientos y todo lo que sucede alrededor y dentro de ti. En lugar de preocuparte por tu ritmo o volverte un esclavo de la tecnología para correr, haz que tus carreras sean mejores al sentir cómo corres y al mejorar tu propia conciencia cinestésica. Siente cómo tu pie entra en contacto con el suelo y ve si puedes volverte consciente de qué parte de tu pie lo toca primero. Vuélvete consciente de dónde está tu cadera en relación con tus piernas. Siente tu pie caer directamente bajo tu cadera. Siente tus largos cuádriceps estabilizar tu pierna en el suelo. Siente cómo tu pie deja el suelo como un resorte cuando te impulsas. Siente los músculos de tu corva contrayéndose para flexionar tu pierna mientras tu talón toca tu glúteo. Siente el aire en tu rostro cuando te mueves sin esfuerzo sobre el suelo. Entre más conciencia puedas adquirir de lo que tu cuerpo está haciendo, tendrás más control sobre tus movimientos, y serás mejor corredor.

También vuélvete un experto en cómo se sienten los diferentes ritmos. Llega a un punto en que alguien pueda decir "Corre a un ritmo de 8 minutos" y puedas hacerlo sin ver tu reloj o tu GPS. Corre más rápido de lo que acostumbras normalmente y ve cómo se siente. Para la mayoría de la gente, suele ser más difícil, especialmente si no están acostumbrados a correr rápido. Más difícil no siempre quiere decir más rápido. Correr más rápido viene cuando no es tan difícil, cuando estamos relajados, cuando estamos tan bien entrenados, que el esfuerzo casi no existe. Por supuesto, todavía estamos moviendo nuestras piernas y nuestros brazos, y respirando profundamente, pero hay una fluidez en el movimiento, una sensación que logramos cuando no luchamos durante el entrenamiento o la carrera. El ritmo llega a nosotros, en lugar de que nosotros lo forcemos.

Tal vez más que cualquier otra clase de atleta, o incluso cualquier otro tipo de persona, los corredores están íntimamente conscientes de cómo se sienten, y la forma en que un corredor se siente físicamente lo afecta psicológicamente. "¿Cómo te sientes?" es, por mucho, la pregunta que más les hago a los corredores que entreno. Puedo notar por una respuesta verbal o no verbal qué tan bueno será el entrenamiento o la carrera. La forma como se siente un corredor durante cualquier carrera o entrenamiento, en los momentos antes de que corran o mientras lo hacen, en cualquier momento dado de su vida, es una parte importante no sólo de su desempeño, sino de su forma de ver la vida. Los corredores, a decir verdad, son personas muy sensibles. Sentimos las cosas profundamente. Nos fortalece el esfuerzo que ponemos, la inversión emocional que hacemos, y nos importa el resultado. Ponemos el corazón en lo que hacemos. No puedo hablar por todos los corredores, pero en lo que a mí respecta, cómo se sienten mis piernas cuando me muevo sobre la tierra es la variable más influyente en mi vida. Cuando mis piernas se sienten ligeras, dinámicas y veloces, me siento increíble por dentro, como si mi esfuerzo y mi inversión dieran resultados, y veo positivamente todo lo demás en mi vida. Cuando mis piernas se sienten pesadas, débiles y lentas, no me siento tan bien por dentro, me pregunto qué rayos estoy haciendo mal y todo lo demás en mi vida me parece más difícil.

Cuando nos volvemos cinestésicamente más conscientes de nuestros movimientos y nuestro ritmo, corremos mejor porque somos capaces de autogobernar nuestro esfuerzo al correr, incluyendo el error común que casi todos los corredores cometen de correr demasiado rápido al principio de una carrera. Lo más importante, sin embargo, es que desarrollar un GPS interno y volvernos expertos en sentir la carrera nos da toda una nueva experiencia. Ya no somos un paso, un ritmo cardiaco o un ritmo de zancada. La información y la sensación se vuelven una misma. Somos la carrera.

Carreras emocionales

Si estás parado cerca de la meta de un maratón importante, notarás algo muy peculiar: hombres y mujeres adultos, que son la esencia de la vitalidad y la fuerza humanas, llorando mientras la cruzan. ¿Por qué lo hacen?

Las mejores carreras son las emocionales. Las carreras que remueven algo dentro de nosotros. Las carreras que nos vuelven conscientes de que somos mucho más que carne y bioquímica. Cuando corremos, estamos en carne viva, vulnerables, a expensas de los elementos con nada para protegernos más que nuestro valor y nuestra voluntad.

Una vez entrené a una corredora de preparatoria que se ponía tan emocional durante los entrenamientos de intervalos que casi se ponía a llorar. Casi no podía trotar entre cada repetición porque es difícil hacerlo cuando estás llorando. Yo le preguntaba qué pasaba y ella decía que no sabía. Después del entrenamiento, decía que se sentía abrumada por las muchas vueltas que todavía debía correr. Hacía ocho repeticiones y pensaba: "Todavía me faltan ocho". Dejaba que su mente se le adelantara, y la dificultad y el volumen del trabajo hacían que tuviera una respuesta emocional. Así que probamos algunos trucos. Le pedí que pensara sólo en una repetición a la vez y que no se preocupara sobre cuántas faltaban. Le pedí que contara sus pasos con cada vuelta a la pista y que no pensara en nada más. Le pedí que se enfocara en el movimiento de sus brazos, balanceándolos con fuerza hacia adelante y hacia atrás. Le pedí que se imaginara a la más fiera competidora corriendo justo enfrente de ella y que se enfocara en correr con ella. Le pedí que dejara de pensar en lo absoluto y sólo corriera.

Uno de los múltiples valores de los entrenamientos duros es la oportunidad de practicar el control emocional y encontrar el valor para terminarlos. Siempre habrá una voz dentro de nosotros diciendo: "es difícil" o "duele" o "quiero detenerme". Podemos dejar que esa voz nos venza o podemos trabajar en controlarnos a nosotros mismos y a nuestras emociones. Como corredores, necesitamos canalizar el poder de nuestras emociones y utilizarlo para ayudarnos a trabajar entre la molestia del momento y volvernos quienes queremos ser. Por medio de la experiencia y del entrenamiento aprendemos a hacerlo.

El esfuerzo físico pesado se conecta con algo visceral en nosotros. Es brutal. Es poderoso. Lo sentimos de una forma en que no sentimos otras cosas. Suele ser fácil dejarse llevar por el momento. Cuando corremos con emoción, puede llevarnos a lugares insospechados. Algunas veces, cuando compito, saco todas las profundas emociones que tengo sobre la pérdida de mis padres. En esos momentos me encuentro en un lugar que nadie conoce, donde nadie puede ser más que yo; es un lugar hecho de ira, miedo, estrés emocional, amor. Es una experiencia catártica. Saco todas esas emociones para alcanzar mi potencial físico. Así como la persona que se deja ir y grita en medio del bosque o mientras ve pasar un tren, yo grito durante mi esfuerzo físico. Es tan desgastante que sólo puedo hacerlo en ciertas ocasiones, pero cuando lo hago, se encuentran entre mis mejores momentos como corredor.

El corredor olímpico Glenn Cunningham, quien estableció el récord mundial de millas en 1930, dijo una vez: "El adversario [del corredor] se encuentra dentro de sí mismo, en su habilidad, con cerebro y corazón, para controlarse a sí mismo y a sus emociones". Volverte maestro de tus emociones es absolutamente esencial para ser el mejor corredor que puedas ser. La próxima vez que estés en una carrera, saca tus sentimientos más profundos y descubre lo que puedes lograr.

Carreras a campo traviesa y senderismo

Desde mi primera carrera a campo traviesa en el primer año de preparatoria, supe que era algo especial. La frescura del aire otoñal, el rocío de la mañana en el pasto, el color de las hojas al inicio de la temporada y al final en el suelo, las veredas hacia arriba y hacia abajo, la línea de salida con 200 corredores esperando ansiosamente el disparo, el crujido de 200 pares de picos en las partes con pavimento entre campos y caminos de tierra, y un ganador al final de la carrera. No hay nada como eso.

Las mejores carreras son en senderos y a campo traviesa. Cuando corro en el bosque o en el campo, siento que estoy escapando de la sociedad y me insulto por no hacerlo más seguido. El camino de tierra y piedras se vuelve mi línea de descubrimiento. Todos mis sentidos se incrementan. Las hojas del otoño se mezclan para formar un caleidoscopio de magníficos colores; tonos de naranja, café, rojo, verde, amarillo y morado me siguen en mi ruta. La brisa agita las hojas en los densos árboles, sonando como si cayera una lluvia ligera. Cada zancada me lleva más y más adentro del bosque. Puedo perderme en el sendero, siempre confiando que, para el final de la carrera, sabré exactamente dónde estoy. Puedo escoger el camino que quiera. Los senderos me recuerdan que puedo elegir el camino que quiera para mi vida también. No estamos obligados a permanecer en el camino que estamos.

Sigmund Freud sugirió que la felicidad pura se da cuando sacas tu pie fuera de las cobijas en medio del invierno y lo vuelves a meter. Cuando corres fuera de los caminos, en senderos, montañas y a campo traviesa, la felicidad pura se da cuando sacas tu pie de entre las cobijas y lo dejas afuera, arriesgándote a la molestia. En este escenario, la felicidad pura no se encuentra en satisfacer la comodidad, sino en lidiar con la molestia. Estás fuera en la naturaleza, expuesto y vulnerable a los elementos. Siento como si fuera dueño de la tierra que piso. Al correr libre en medio de la nada, muchas veces corro mejor que nunca. Con nadie a la vista, estoy en paz.

Las carreras a campo traviesa y el senderismo son una gran forma de volverte parte del escenario natural del mundo, de correr como te sientas y hacer algunos ejercicios de velocidad de calidad sin el confinamiento y la monotonía de una pista. Uno de mis entrenamientos a campo traviesa favoritos es el aprendí de mi entrenador universitario: *fartlek* del *tee* al *green*. En un campo de golf, empezando en el primer *tee*, corre rápido del *tee* al *green* y recupérate trotando del *green* al siguiente *tee*. Corre tantos hoyos sean razonables para tu habilidad y tu condición. Dada la corta distancia entre el *green* de un campo de golf y el siguiente *tee*, comparada con la distancia entre un *tee* y el *green*, los periodos de recuperación son cortos en este entrenamiento, mientras que son largo los esfuerzos de aceleración, así que deberás tener cuidado de acelerar el paso muy pronto en el entrenamiento y correr muy tranquilo durante los cortos periodos de recuperación. Es un gran entrenamiento, muy divertido, y en un hermoso lugar.

Carreras en pista

Es martes en la noche. Es tiempo de mi entrenamiento de intervalos. Troto hasta la pista de la preparatoria local con mariposas en el estómago, aleteando cada vez más rápido, un recordatorio obvio de lo que he sentido durante todo el día. Caliento durante un par de minutos, hago algunos estiramientos dinámicos y algunas zancadas de 100 metros, siempre consciente de cómo se sienten mis piernas, intentando determinar si lo que vendrá será una buena experiencia o una difícil.

Empiezo la primera vuelta a la pista y mi corazón golpea mi pecho conforme el gasto cardiaco —producto del ritmo cardiaco y el volumen sistólico— aumenta rápidamente para cubrir la demanda de mis músculos de más oxígeno. El ritmo y la profundidad de mi respiración también aumenta rápidamente para exhalar el dióxido de carbono acumulado en mi sangre por la enorme actividad metabólica y, a un grado menor que se vuelve más importante cuando corremos a mayor altitud, para inhalar más oxígeno cada vez.

Mientras sigo corriendo por la pista, toda mi vida se enfoca en mi carril. Todo lo que hago y todo lo que soy se condensa entre las dos líneas blancas que contienen mi esfuerzo alrededor de la pista de 400 metros. Es la experiencia más personal de mi día. Durante los siguientes 30 minutos, esta anchura de 122 centímetros se vuelve el microcosmos de mi vida. Nada más importa, excepto cada contracción muscular, cada latido, cada inhalación. Mis músculos y mi sangre se acidifican por los iones de hidrógeno que se acumulan de las reacciones químicas que le dan energía a la contracción muscular. Entre más rápidas y fuertes sean las contracciones musculares, más iones de hidrógenos y metabolitos, como potasio y fosfato, se acumulan, y más se fatigan mis músculos. Dirijo mi mente hacia el interior, enfocándome en el esfuerzo, enfocándome en mis zancadas, atacando la superficie recubierta de hule de la pista con cada paso, balanceando mis brazos desde su péndulo deltoides. Corro una distancia exacta en un tiempo exacto. El tiempo importa en la pista. El esfuerzo importa.

Después de correr 400 metros, bajo mi ritmo hasta trotar para recuperarme durante un par de minutos, y mi respiración y mi ritmo cardiaco tan acelerados empiezan a disminuir. La sangre rápidamente regresa a mi corazón, llenando el ventrículo izquierdo que está reduciendo la velocidad de su latido, y sale de nuevo con un fuerte bombeo, impulsando el volumen sistólico de mi corazón. Después de dos minutos de trotar, y con mi ritmo cardiaco aún elevado, corro velozmente otra vuelta, a un paso que podría mantener por 1 500 metros en una carrera. Cada repetición es otro pequeño desafío que enfrentar entre esas dos líneas, pero no pienso en lo que vendrá. Todo lo que importa es la vuelta que estoy corriendo ahora. Como con las anteojeras de un caballo asustadizo, me enfoco en mi carril, dejando atrás el hule bajo mis pies con mis poderosos metatarsos, esperando la siguiente zancada. Mis piernas entran en la última curva de la pista como una resortera hacia la recta final. Muevo mis brazos y levanto mis pesadas y ácidas piernas de la pista —*levántalas, bájalas*—, mientras intento mantener la compostura y permanecer tan relajado como sea posible, recordándome todas las indicaciones que les doy a quienes entreno. Los pensamientos y los consejos corren por mi mente tan rápido como mis piernas se mueven por la pista. Con cada repetición, el entrenamiento se vuelve más difícil de tolerar física y mentalmente, como una aguja que toca la piel y penetra más y más adentro. Cada repetición que termino en el tiempo establecido es una gran victoria. Es una experiencia molesta, sin duda —mi sistema cardiovascular y mi sistema muscular están en el límite—, pero una que me enseña sobre mí mismo. Después de terminar la última repetición y trotar fuera de la pista para empezar a enfriarme, volteo hacia la pista, como viendo el trabajo que acabo de realizar.

Las mejores carreras se dan en la pista. Hay algo poderoso y veloz cuando corres en pista. La forma como mis picos se adhieren a la superficie de hule, la coordinación poderosa y fluida de mis músculos, la suavidad de mi zancada, la exactitud de la distancia, la forma en que mis pies se sienten cuando se impulsan contra la superficie de la pista, todo se une para engrandecer mi experiencia al correr. Como un niño jugando. Si correr en el bosque o en un camino es sobre correr dentro de mí mismo, en la pista es sobre correr fuera de mí mismo. Es donde me pido sacar el esfuerzo. La experiencia reservada internamente de una carrera lenta y fácil en el campo abierto o en senderos se vuelve una experiencia agresiva y externa en la pista cerrada.

A pesar de toda la atención que recibe el entrenamiento de intervalos de alta intensidad por toda su efectividad al ahorrar tiempo y mejorar la condición física, es mucho más fácil que las personas corran mucho y lento que poco y rápido. Cada vez que voy a la pista para correr, ya no hay corredores alrededor. Es una lástima, pues se puede obtener mucha condición y se puede aprender mucho sobre uno mismo.

Cuando la gente se muda a otra parte, algunas personas quieren estar cerca de la playa, un hospital, una iglesia o un parque para sus hijos. Puede que sea tonto, pero cada vez que me he mudado, siempre me aseguro de vivir cerca de una pista.

La pista me dice la verdad sobre mí mismo, ya sea que quiera escucharla o no. Me dice mi condición actual porque no puedo ocultarla del cronómetro; me da el tiempo exacto para una distancia exacta. Me dice si en ese día estoy dispuesto a aumentar el ritmo. La pista me reta a responderme a mí mismo. Es donde encuentro quién soy realmente. Cada corredor debería experimentar lo que es correr rápido en una pista.

Carreras en caminadora

Una vez entrené a una corredora que, llegando a sus treinta, empezó su vida como corredora en una caminadora. Me dijo que, cuando empezó a correr, le intimidaba hacerlo afuera. Hay una cierta comodidad sobre el ambiente controlado de la caminadora. Es segura. Si algo sucede, no estás a kilómetros de tu casa. No puedes perderte en una caminadora, fuera de en tus pensamientos.

Las mejores carreras son en caminadoras. Las caminadoras han estado en el mercado desde hace mucho tiempo. Las originales eran motores movidos por animales que se utilizaban para cosechar. La versión moderna de la caminadora, históricamente utilizada en las cárceles para castigar los malos comportamientos entre los presos, se utilizó por primera vez para hacer ejercicio en 1952, cuando los doctores Robert Bruce y Wayne Quinton, de la Universidad de Washington, en Seattle, hicieron que sus pacientes caminaran en ella para que pudieran monitorear su función cardiaca. La caminadora se ha convertido desde entonces en el equipo de cardio más popular de todos, y por buenas razones, pues cuando se trata de quemar calorías y perder peso, las investigaciones demuestran que la caminadora es la pieza clave del equipo de cardio. Sin embargo, correr en caminadora incurre en un costo de energía metabólica más bajo (es decir, usas menos energía y quemas menos calorías), comparado con correr en el suelo, particularmente a velocidades mayores. Cuando corres en una caminadora no hay resistencia al aire y tus músculos no tienen que trabajar tan duro, pues la banda de la caminadora mueve tu pierna hacia atrás conforme baja. Por esta razón, algunos corredores piensan que la caminadora se siente más fácil que correr en exteriores.

Me preguntan mucho sobre correr en caminadoras. Aunque siempre he estado a favor de correr en el exterior por encima de usar una caminadora, creo que la gente debe correr donde sea que pueda tener el mejor entrenamiento del día. Así que, si correr afuera va a perjudicar tu entrenamiento por el clima, entonces corre en una caminadora.

Durante los meses fríos y nevados, las caminadoras ofrecen una gran opción para mantener tu rutina de carrera y mejorar tu condición. Dada la habilidad de manipular la velocidad y la elevación, las caminadoras ofrecen muy buenas opciones de entrenamiento. El ambiente controlado puede mejorar todavía más tus entrenamientos porque puedes enfocar toda tu atención en el esfuerzo.

Uno de los mejores usos para una caminadora es correr cuestas. En ella puedes manipular manualmente el grado de inclinación, la velocidad en que corres hacia arriba y hacia abajo de ellas, y cuántas cuestas correr. También puedes manipular las subidas y bajadas de cuestas corriendo en una caminadora para tener un entrenamiento desafiante que pueda prepararte específicamente para carreras que tengan tanto subidas como bajadas.

Para series de entrenamientos con cuestas, la caminadora ofrece la ventaja de no tener que correr de nuevo para bajar, lo que puede provocar mucha molestia muscular y frenar tu recuperación del entrenamiento. Correr en una caminadora te permite enfocarte en la parte de la subida.

Lo admito, si yo no estoy haciendo un entrenamiento específico, como series de cuestas o intervalos, me parece que correr en caminadora es aburrido. Necesito algo para distraerme. Parece que muchas personas se sienten igual, dado que cada gimnasio tiene pantallas de televisión en las paredes o colgando del techo, o incluso integradas a las caminadoras para que la gente las vea mientras corre. Conozco a algunos corredores que crearon un cine en su sótano con la caminadora como único "asiento". Supongo que, si yo tuviera una caminadora, también lo haría.

Más allá de los entrenamientos precisos que puedes hacer en una caminadora, también puede ofrecerte una oportunidad para pensar. Hay algo sobre la monotonía de correr en una caminadora —el movimiento repetitivo, la velocidad constante, el sonido de la banda cuando tus pies caen, el murmullo del motor— que te hace entrar en trance. Son sólo tú y el ritmo de la carrera, de tu respiración, de tus piernas, de tus pies y de tus latidos.

Carreras matutinas

A finales de la primavera del año 2000, asistí al campeonato estatal de atletismo de preparatorias de California, en la Universidad de Cerritos, con algunos atletas que habían calificado del equipo de preparatoria que estaba entrenando en San Francisco. Una mañana, antes de dirigirme hacia la pista con los atletas, salí del hotel para ir a correr. Nunca había estado en Cerritos antes, no sabía dónde correr, así que hice lo que siempre hago cuando corro en un lugar extraño: elijo una dirección y me voy a explorar. Cerritos, al menos en los alrededores de mi hotel, tenía un tránsito pesado, así que empecé a correr en la banqueta, junto a la calle, hasta que pudiera encontrar un lugar más tranquilo dónde correr. Después de un rato, me encontré con un conjunto de edificios rodeados de una reja, que parecía un campus universitario, así que entré por la puerta abierta, pensando que sería un lugar más tranquilo para correr que en la banqueta de una calle atestada.

El campus estaba bastante tranquilo. Algunas personas caminaban por ahí, acompañadas de personas con batas blancas. Mientras seguía corriendo, me entró la rara sensación de que no era una universidad. Algunos minutos después, me di cuenta de que estaba corriendo en el complejo de un hospital psiquiátrico. "Mejor me voy de aquí", pensé, antes de que alguien crea que soy uno de los pacientes. Me di la vuelta rápidamente para regresar por donde había venido.

Al acercarme a la puerta de entrada escuché una voz que me gritaba: "Disculpe, ¿adónde va?". Era el guardia de la puerta. Lo que empezó como algo divertido con las batas blancas, pronto se tornó en una situación de pánico. ¿Me iban a secuestrar en un hospital psiquiátrico? ¿Tengo problemas después de todo? ¿Esa voz en mi cabeza ha sido real todos estos años? Algunas veces, lo admito, parezco un poco loco con mis pequeños shorts para correr. ¡Mis shorts! ¡Eso es! Busqué en mis bolsillos la tarjeta llave del hotel, y me temblaban las manos con la emoción de un niño abriendo sus regalos de Navidad.

"Tome", le dije al guardia, mientras buscaba en mis shorts. "Esta es la tarjeta del hotel donde me hospedo. Puede llamar y preguntarles".

Por suerte, el guardia debió pensar que cualquiera corriendo en shorts temprano en la mañana, en el complejo de un hospital psiquiátrico, debía estar demasiado loco para ese lugar. Después de darme una mirada de preocupación, me dejó ir. De cualquier forma, resultó en una historia graciosa cuando les conté a los demás lo que le había pasado a su entrenador esa mañana.

Las mejores carreras son en la mañana. La gente suele asumir que yo corro muy temprano en la mañana, como si todos los corredores debieran ser madrugadores. La verdad es que, aun cuando me gusta la idea de correr temprano, cuando el mundo es nuevo, viendo el amanecer y disfrutando la calma, nunca he sido un corredor matutino. A pesar de que mi hermano gemelo y yo nacimos muy temprano, nunca he sido madrugador, y mucho menos para correr. He tenido la suerte de evitar un trabajo que me obligue a levantarme temprano para ir a una oficina casi toda mi vida. Me perdí muchas clases a las 8:00 a.m. en la universidad porque no podía salir de la cama. Quizá eso explique por qué saqué un 7 en física.

Siempre me he sentido mejor corriendo en la tarde, especialmente cuando es un entrenamiento de intensidad. Desafortunadamente, la mayoría de las carreras son en la mañana. Me tengo que levantar más temprano todavía para una carrera porque me toma tiempo despertar a mi cuerpo durante el calentamiento para estar listo para la carrera.

Hay estudios que demuestran que no estoy solo. Muchas personas sacaron 7 en física. Y muchas personas tienen mejor desempeño más tarde en el día. Las investigaciones demuestran que el desempeño atlético, especialmente el de alta intensidad, de variedad anaeróbica, típicamente tiene su clímax en la tarde o en las primeras horas de la noche, en sincronía con el clímax diario de la temperatura corporal hacia el final del día. Y la hora en que despiertas hace una diferencia en tu desempeño también. Hay momentos consistentes de desempeño para quienes se levantan temprano o tarde, los cuales dependen de cuántas horas lleves despierto. Posiblemente por la influencia de las hormonas, como el cortisol, y cómo están moduladas por nuestro ritmo circadiano, quienes se levantan temprano —alrededor de las 7:00 a.m.— tienden a desempeñarse mejor temprano en la tarde, mientras que los que se levantan tarde —después de las 9:30 a.m.— tienen un mejor desempeño más tarde, por la noche.

Yo envidio a los corredores matutinos. Siento que se están saliendo con la suya, que son capaces de hacer algo que no es natural en mí. Las veces que he corrido temprano en la mañana han sido grandes experiencias. Hay una calma en la mañana que no se puede replicar más tarde. El aire fresco y frío, la luz tenue asomándose entre los árboles, las sombras, la ausencia de autos en la calle, el conocimiento de que la mayoría de la gente todavía está acurrucada entre sus cobijas, todo se junta para proveer una experiencia única de mente y cuerpo. También hay una fuerte sensación de logro que viene al terminar una carrera temprano en la mañana. Siempre he querido ser una de esas personas que dicen: "Hago más cosas antes de las 8:00 a.m., que lo que la mayoría de la gente hace en todo el día". Pero mi ritmo circadiano parece favorecer la noche. Cuando estuve en la universidad adquirí el hábito de irme a la cama tarde y despertarme tarde, perdiendo entonces esas condenadas clases de física a las 8:00 a.m., y el hábito ha continuado desde entonces.

Carreras sociales

En el verano de 2013, cada jueves en la mañana me encontraba con mi amigo Pedro para una carrera de tempo de 13 o 14 kilómetros, a un ritmo de 6:45 o 6:50 minutos, alrededor del perímetro de un campo de golf en Chula Vista, California. Las carreras largas de tempo siempre me han parecido difíciles. Pedro, un maratonista de menos de tres horas, es muy bueno en ellas. Antes de que empezáramos cada carrera de tempo, nos parábamos al lado del camino y Pedro decía una oración por nosotros. Durante la siguiente hora me hablaba de sus hijos, me contaba historias, me motivaba y me ayudaba a mantener el ritmo. Y me enseñó un poco sobre la vida.

Las mejores carreras son las carreras sociales. A pesar de mi comportamiento por lo general introvertido y antisocial, cada vez que corro con alguien soy feliz. Al correr con otros me he dado cuenta de que la gente puede ser una fuente de inspiración, de ideas, de risas, de historias. Después de correr un domingo temprano con amigos, puedes ir por hot cakes y hablar sobre tu siguiente carrera, o sobre esa molesta tendinitis que no te puedes quitar. A los corredores les gusta hablar con otros corredores sobre sus carreras y competencias, y sobre sus lesiones. Tanto la miseria como la felicidad aman la compañía. Los humanos somos animales sociales.

No hay duda de que correr con otros te puede ayudar a convertirte en un mejor corredor. Es la razón de que tantos corredores de élite entrenen en grupos con otros corredores de élite. Es fácil presionarte cuando alguien está corriendo junto a ti, incluso si ninguno dice una palabra. Correr en grupo ofrece camaradería y compromiso, recursos y una red de información sobre correr, así como apoyo y motivación. También tendrás la sensación de pertenecer a un equipo si te unes a un grupo formal para que compitan juntos en las carreras.

Cuando paso de correr yo solo a correr con un grupo, me vuelvo miembro de una tribu. Como cualquier otra tribu, hay rituales. Están los estiramientos antes de correr, las felicitaciones a Mary por su récord personal de 10 kilómetros del fin de semana pasado, los anuncios sobre dónde iremos a desayunar hot cakes. Luego empezamos a correr. Después de algunos minutos, se forman pequeños grupos: los tres corredores de velocidad al frente, las novias que quieren platicar entre ellas, el tipo que quiere hablar con la muchacha linda de la cola de caballo. Cada corredor tiene su razón para estar ahí.

Correr con otros me convence de que correr no es sólo sobre mí. Tal vez, más que nada, las carreras sociales nos dan la oportunidad de compartir, ya sea nuestros triunfos, nuestras derrotas, historias graciosas, el ímpetu por correr, nuestras pasiones y nuestras experiencias como corredores. Obtener fuerza de la de otros, ser testigo de su pasión, puede ayudar a sacar lo mejor de nosotros.

Carreras en soledad

Nunca he sido una persona muy sociable. Soy introvertido por naturaleza, quizá la persona que Alan Sillitoe tenía en mente cuando escribió sobre la soledad del fondista. Casi todo el tiempo corro solo. Correr es lo mío y no quiero que nadie se meta con eso. Es raro el día en que dejo que alguien penetre en mi vida como corredor. Muchos corredores son quisquillosos sobre quién puede compartir su tiempo al correr. ¿Por qué querría correr con otros cuando puedo ir yo solo y pensar y crear? Con todo lo que involucra correr con un grupo, ¿por qué querría tomar dos horas de mi tiempo para correr 8 kilómetros? Gracias, pero prefiero correr solo.

Las mejores carreras son las que haces solo. Los humanos se sienten y siempre se sentirán atraídos por correr solos, pues la vida, finalmente, se vive en soledad, en la luz y la oscuridad dentro de nosotros, sin importar cuánta gente nos rodee. No importa qué tan cercano seamos con alguien —un padre, un hijo, una pareja—, nunca podremos conocerlos completamente. Nunca podremos conocer a alguien como a nosotros mismos. Nunca podremos estar tan cómodos —o tan incómodos— con otra persona como con nosotros.

Cuando corro solo, el mundo es mío. No me siento obligado a mantener una conversación. Nadie me molesta. Puedo correr donde yo quiera, lo rápido o lento que yo quiera. En las carreras en soledad, me puedo hacer preguntas y buscar las respuestas dentro de mí. Estoy haciendo algo por mí mismo sin la intrusión de nadie más. El trabajo que realizo es mío. Yo lo poseo. Yo sufro con los intervalos de la pista. Yo encuentro paz en las carreras lentas y tranquilas en la playa o en el bosque. Por mi cuenta. Yo siento poder ante el conocimiento de que lo que estoy haciendo nadie más lo está haciendo en ese lugar y en ese momento. Y ese tiempo en soledad me vuelve una mejor persona, más segura cuando estoy en público, interactuando con otros. Una hora estoy completamente solo, corriendo en medio de la nada, y a la siguiente estoy rodeado de muchas personas en sociedad. Me cautiva ese contraste.

No importa qué tanto te guste estar rodeado de gente, todos necesitamos un tiempo a solas para aprender sobre nosotros mismos, para impulsarnos sin la ayuda de alguien más. Al correr solos nos volvemos independientes, nos volvemos competentes y tenemos la oportunidad de probarnos a nosotros mismos que podemos hacer las cosas por nuestra cuenta. Podemos ir a un lugar interior del que nadie sabe y hacer las paces con nuestras emociones. Podemos dejar salir nuestros demonios. Si hablamos en serio, las cosas más importantes de la vida, a partir de las que descubrimos quiénes somos realmente, se hacen en soledad.

Carreras con entrenadores

Correr parece ser un deporte simple y, como tal, solemos creer que lo sabemos todo. Correr es uno de los pocos deportes en los que la gente que participa no tiene un entrenador. Esto es incluso cierto a un nivel de élite.

Un buen entrenador te enseña por qué entrenar de cierta forma; diseña programas ininterrumpidos, progresivos y sistemáticos para ti; monitorea lo que estás haciendo, y te quita la responsabilidad de planear tu propio entrenamiento, así que puedes enfocarte sólo en entrenar. Un entrenador puede ser el mejor recurso de un corredor.

Las mejores carreras son las que incluyen un entrenador. Las investigaciones demuestran que la gente que entrena bajo la supervisión de un entrenador tiene mejores resultados que la que no. Cualquiera puede darte un montón de entrenamientos, pero se necesita un experto para diseñar entrenamientos que provoquen cambios fisiológicos específicos en ti, y para organizar un programa progresivo y sistemático que te permita alcanzar tu potencial. Saber el cómo y el porqué de tu entrenamiento será de mucha ayuda para que te conviertas en un corredor más dotado, pues te ayuda a desarrollar una comprensión del proceso.

Cuando intentas entrenarte a ti mismo, es difícil ver las cosas como realmente son porque estás muy cerca de la situación. Tener un par de ojos afuera es importante. Un entrenador puede ver todo el panorama y decirte cuándo acelerar y cuando detenerte y recuperarte.

No subestimes el valor de un buen entrenador. Un entrenador puede ser un instructor, un motivador, un maestro, una fuente de inspiración e incluso un confidente. Te ayudará a alcanzar un nivel de éxito que no puedes obtener por tu cuenta.

Un entrenador también puede prepararte para competir. Puede darte consejos sobre cómo correr en una competencia, discutir la estrategia de la carrera contigo y motivarte e inspirarte para hacer cosas que nunca pensaste posibles. Un entrenador puede enseñarte a correr efectivamente y a desarrollar una estrategia en las carreras para que puedas lograr el mejor resultado.

Carreras de velocidad

Es la última vuelta en una carrera de 1 500 metros. Me duele, pero no puedo pensar en eso ahora. Me digo a mí mismo: "¡Sigue, sigue, sigue!". Mi corazón está latiendo como un pitbull rabioso en mi pecho. Mis piernas ácidas se sienten como si ya no estuvieran pegadas al resto de mi cuerpo. "¡Sigue, sigue, sigue!". Ataco con agresividad la pista Mondo con mis picos por la recta, pero puedo darme cuenta de que la longitud de mi zancada se ha acortado drásticamente por la fatiga. Al salir de la última curva hacia la recta final para los últimos 100 metros, me vuelco hacia mi interior tanto como puedo, y muevo mis brazos y piernas tan rápido como me es posible. Soy una gacela escapando del ataque de un león. "¡Sigue, sigue, sigue!".

Estoy al borde de la vida o la muerte.

Las mejores carreras son las competencias. Las competencias son una oportunidad de poner todo el trabajo del entrenamiento en algo importante. Es una prueba de nuestra condición, una prueba de nuestra determinación. Cuando aseguras el número de la carrera a tu playera, te haces una promesa a ti mismo y a los otros corredores alrededor de ti de que harás tu mejor esfuerzo, y cuando cruzas la meta, sabes si cumpliste tu promesa o no.

Los momentos antes de una carrera son de los más ansiosos de toda mi vida. Están llenos con un caleidoscopio de emociones: nerviosismo, esperanza, duda, emoción, miedo y confianza, todo al mismo tiempo. Esos momentos me hacen sentir vivo.

Cuando iba en mi primer año de preparatoria, corrí 5 kilómetros a campo traviesa en una carrera que estaba liderando, con un grupo de corredores de otra escuela justo atrás de mí. Me sentía muy confiado, como si yo dictara el ritmo. Cuando faltaban 800 metros más o menos, una vez que entramos a una sección diferente del trayecto, el grupo entero de corredores se adelantó como si yo estuviera parado. Para cuando me di cuenta de lo que había sucedido, era demasiado tarde para que reaccionara. Estaban demasiado lejos de mí para que pudiera alcanzarlos antes de la meta.

Después de la carrera, el entrenador del otro equipo se acercó a mí y me dijo que ése había sido el plan todo el tiempo; sabían que era el mejor corredor del otro equipo y me habían señalado antes de la carrera al verme calentar. Habían planeado que sentara el ritmo e hiciera el trabajo durante la mayor parte de la carrera, y luego sacaran la jugada en un punto determinado, superándome todos a la vez. Yo caí. Estaba decepcionado por no ganar la carrera después de liderar durante tanto tiempo, pero estaba todavía más decepcionado de haberme dejado engañar. Su estrategia funcionó porque no la vi venir. Si hay una carrera en mi vida que me gustaría poder volver a correr, es ésa, incluso si fue sólo una pequeña carrera contra otra escuela, sin campeonato ni trofeos de por medio.

Hay muchos pequeños detalles que entran en juego en una carrera, así como hay muchos pequeños detalles en la vida, y requiere práctica y experiencia notarlos. Cuando corres, es importante permanecer tan relajado como puedas. Cuando nos ponemos nerviosos o estresados, o sentimos presión, nuestra atención se limita, provocando que nos concentremos sólo en algunas cosas a la vez. Un enfoque estrecho, aunque importante para el éxito, también puede provocar que nos perdamos detalles importantes en nuestro ambiente si no tenemos cuidado. Eso me sucedió en esa carrera en la preparatoria y todavía me doy de topes años después.

Cuando compites, tu cuerpo libera hormonas que te dejan hiperalerta, enfocado, y que te llenan de energía. Entonces surge una cascada de químicos que provocan un incremento en el ritmo cardiaco, la respiración y la transpiración. Competir te da el poder de observar tu entorno y evaluar detalladamente tu ambiente. Cuando compites, ten cuidado de lo que sucede a tu alrededor, en lugar de dejar que te sobrepase. Ten cuidado de otros corredores, de cómo pueden estar trabajando juntos, y mantente listo para reaccionar a sus movimientos.

¿Qué es lo que tiene una carrera que hace que un grupo tan disímil de personas se junte para hacer algo tan similar? Correr tiene el poder de unir a personas muy distintas por una causa común. ¿Dónde más puedes encontrar a miles de personas compitiendo en el mismo evento? Correr está abierto al público, es el único deporte accesible para todos a un nivel competitivo, y es el único deporte en el que el público en general puede competir en el mismo evento, al mismo tiempo, con los mejores del mundo.

Cuando empecé a correr en la escuela, y durante muchos años después, me definí a mí mismo por lo rápido que corría en mis carreras. Si no lo hacía tan rápido como quería, me regañaba. Después de una carrera decepcionante me pasaba días deprimido. Mi identidad estaba ligada a mis resultados en una competencia. Aunque todavía me decepciono cuando no corro tan rápido como quiero o como pienso que debería, poco a poco, y a regañadientes, me he dado cuenta de que mis carreras no me definen. Sigo siendo una gran persona si no corro 1 600 metros en 4:29 minutos, o un maratón en 2:59 horas. Y tú también.

Una de las primeras preguntas que la gente te hace cuando le dices que estuviste en una carrera es: "¿Qué tiempo hiciste?". La respuesta usualmente es: "No lo hice tan rápido como hubiera querido". Esto es especialmente cierto en un maratón. Cuando se trata de esta competencia, ya sea que quieran calificar para Boston o hacer menos de 5 horas, la mayoría de los corredores entran a la carrera pensando en un cierto tiempo para correr, y la mayoría corre más lento de lo que quisiera.

Poner todos tus huevos en la canasta de "el tiempo significa todo" es una gran forma de decepcionarte si no funciona. Aunque es difícil participar en una carrera sin tener algunas expectativas, estarás mucho mejor si te enfocas en tu desempeño, en lugar de en los resultados. El tiempo en el reloj es un resultado. Si te enfocas en tu desempeño, tienes una mejor oportunidad de lograr el resultado que esperabas.

A excepción de las pocas personas que tienen la habilidad de ganar carreras, correr no es sobre ganar. Claro, se siente bien hacerlo. Yo he sido lo suficientemente afortunado como para ganar algunas carreras en mi vida, todas cuando era más joven y ninguna de gran consecuencia, fuera de hacerme sentir bien. Me quedé muy corto de los sueños olímpicos de mi juventud. Sin importar el nivel que tengas como corredor, correr se trata de qué tanto puedes arriesgar de ti mismo, literal y metafóricamente, para medirte contra tu verdadero yo y acortar la distancia entre quién eres y quién quieres ser. Cuando nos arriesgamos y juramos correr tan rápido como podamos, nos volvemos vulnerables. Nos exponemos ante la única persona que más importa: uno mismo.

Competir es el mejor ejemplo de vivir a través de nuestro cuerpo. Cuando corremos, llevamos nuestro cuerpo al límite, al menos esperamos hacerlo. Se nos da la rara oportunidad de actuar como un animal salvaje, corriendo libre y mostrando nuestra fuerza interior. Competir, si lo hacemos con todo nuestro corazón, nos obliga a enfrentar lo que está sucediendo justo en ese momento, de una forma en que pocas experiencias lo hacen. Damos todo y recibimos todavía más.

Siempre les digo a los corredores que entreno cuando van a una carrera, ya sea de 800 metros o un maratón, que lo más importante es que terminen sintiendo que no pudieron hacer nada mejor ese día. Sin importar el resultado —el tiempo en el reloj o el lugar en el que termines—, lo que más importa es que te vayas de ahí capaz de decirles a otros y a ti mismo que diste todo. Sólo eso ya es algo de qué estar inmensamente orgulloso. Sólo eso vale el costo de entrada a la carrera.

"Las mejores carreras" son muchas cosas. Significan mejores movimientos, mejores pensamientos, mejores consejos, mejores experiencias. Significan instruirte sobre lo que es un buen entrenamiento para que puedas entrenar mejor. Significan tener un entrenador o un mentor que pueda guiarte y sacar tu potencial. Significan correr a lo largo de todo el espectro de ritmos, desde el más lento hasta el más veloz. Significan correr en diferentes lugares y en diferentes terrenos, donde puedas ver cosas distintas y darle a tus piernas y a tu mente una variedad de estímulos. Significan controlar tu respiración y sincronizarla con todos los demás ritmos de tu cuerpo. Significan estar consciente de tu entorno. Significan estar a la altura del momento. Significan encontrar un amigo en un rival y perseguir algo juntos para un bien común. Significan disfrutar de la experiencia que cada carrera te da. Para ser mejores corredores, debemos empezar por correr mejor.

Correr es conectivo. Nos conecta con la naturaleza. En el momento que queramos, podemos irnos de pinta de la vida y salir a explorar nuestro medioambiente. Corremos en la playa, en una montaña o en un parque; corremos alrededor de un lago, en el bosque o por nuestra colonia. Corremos en la naturaleza y compartimos la tierra con otros animales.

Correr nos conecta con la gente. Cuando estoy en una cafetería o un restaurante lleno de gente, donde todas las conversaciones se mezclan, siempre escucho que alguien está hablando sobre correr. La palabra "correr" me brinca. Mi oído siempre la reconoce en la boca de otra persona y empiezo a hablar con gente con la que no hablaría de lo contrario. Corremos con amigos que comparten sus historias, que nos hacen confidencias, quienes nos cuentan chistes, nos presentan a otras personas con quiénes hacer negocios, entablar una amistad o incluso casarnos. No importa qué tan diferente sea una persona de otra, el interés común de correr las conecta. A través de correr nos comprendemos unos a otros y aprendemos lo que significa competir. Nos vemos en otros corredores.

Correr nos conecta con nuestro cuerpo. La experiencia humana es física. Cada cosa que hacemos en cada día está ligada a nuestro ser físico. Para vivir al máximo, debemos vivir al máximo en un nivel físico. Con cada zancada al correr, estamos conscientes del aspecto físico de nuestros movimientos, desde las contracciones fuertes de nuestros cuádriceps, hasta el roce de nuestro dedo chiquito del pie contra el minúsculo hoyo en nuestro calcetín. Cuando corremos, nos volvemos hiperconscientes de las cosas de las que no tenemos conciencia durante el resto del día. Por eso creo fervientemente que correr *es* para todos, porque es la mejor expresión de nuestro físico. Las investigaciones demuestran que la gente experimenta las actividades deportivas sustancialmente de forma más positiva que el resto de la vida cotidiana. Tal vez sea porque, a través de correr, cumplimos nuestro destino como seres físicos y, sobre la base de un ser físico en mejor condición, podemos construir una mejor vida.

Correr nos conecta con nuestro esfuerzo. Hay una relación directa entre qué tan fuertemente lo intentamos y qué tan rápido se mueven nuestros pies por el suelo. Podemos elegir retarnos a nosotros mismos cualquier día, en cualquier momento, durante nuestras carreras. Podemos polarizarnos y jugar con nuestro entrenamiento al hacer que nuestras carreras lentas lo sean más, que nuestras carreras de velocidad sean más rápidas, que nuestras carreras largas se alarguen todavía más. Correr nos permite impulsarnos hasta más allá de los límites que creíamos tener.

Correr nos conecta con nuestra alma. Cuando corremos, sentimos como si viviéramos la vida que debíamos vivir y lleváramos a cabo lo que Aristóteles llamaba el *actus primus*, el primer acto de nuestro cuerpo. Correr nos lleva más allá de Aristóteles y trasciende nuestra piel y nuestro esfuerzo físico, conectándonos con la parte inmortal de nosotros que la ciencia y sus técnicas de neuroimagenología no han podido alcanzar.

Hay tantos tipos diferentes de carreras, tantos lugares donde podemos correr y tantas cosas que podemos experimentar en ellas. Correr es la forma más pura del deporte, no hay equipo, no se necesita ropa especial ni nada que te estorbe. Sólo son el camino y tú. Y puedes correr donde quieras. ¿Qué otra actividad física puedes hacer donde sea que vayas en el mundo? He corrido junto a vacas por caminos rurales en la Universidad de Pennsylvania; alrededor de la Casa de la Ópera, en Sídney; por playas húmedas y cálidas en Tel Aviv; en Calgary, con hielo en mi máscara por mi respiración; entre contaminación y el aroma de las especias en Bangkok y Jakarta; jadeando en las montañas Sandia, en Albuquerque, y a toda velocidad entre el tránsito de Times Square, en Nueva York. Una vez incluso guardé mi equipaje en un casillero y corrí por todo el aeropuerto de Orlando en una escala, llegando tan cerca como pude a las pistas sin ser parte de una tripulación. Correr es la mejor forma de explorar el mundo. Yo creo que correr por todo el mundo fluye con la vida y con el viaje constante que alimenta nuestra alma con deseo y pasión. Con todas estas diferentes y entretenidas experiencias, ¿quién necesita a las Kardashian?

Cada tipo de carrera y cada lugar en que corremos nos ofrece diferentes percepciones para descubrir nuevas líneas de pensamiento, para descubrirnos a nosotros. Cada uno de estos tipos de carreras es una mejor carrera por sus propias recompensas. Nos convertimos en nuestras carreras. Nos convertimos en el paisaje de nuestras carreras. Nos convertimos en los pensamientos, las percepciones y las experiencias que tenemos en ellas. Corre para encontrar una nueva aventura y deja que la experiencia y los lugares que encuentres te cambien. Un componente importante del valor de la actividad física es la experiencia que provee. Incluso si significa quedarte atrapado en el complejo de un hospital psiquiátrico con sólo tu llave del hotel como identificación en tus minúsculos shorts para correr.

Bajo el liderazgo de Cody Johnson, el programa de atletismo de la preparatoria del condado Lee creció.

"Enseñar a estos jóvenes a hacer algo que amo me inspiró para convertirme en una mejor persona, más persistente que nunca, y me llevó a ser un gran líder", dice. "Entrenar a jóvenes de 19 años no es nada fácil. Correr me ha enseñado a ser paciente." Pero el trabajo escolar, entrenar, competir, revivir un equipo de atletismo después de ocho años y entrenar a sus compañeros estaba cobrando su precio. Cody empezó a desgastarse con todo.

Un día, durante su última temporada a campo traviesa, vio a un niño corriendo llamado Jacob McCoy. "Realmente me impresionó. Apenas estaba en cuarto de primaria, pero vi que tenía potencial", dice Cody. Él conocía a su papá bastante bien, así que le preguntó si Jacob querría entrenar con él. "Nunca se rindió y siempre le emocionaba correr", dice Cody de Jacob. "Era extraordinariamente inteligente y maduro para su edad, pero todos lo llamaban Bebé Jake de todas formas".

Cody y Bebé Jake corrieron mucho juntos durante esa temporada; un joven en el último año de preparatoria y un niño de cuarto de primaria corriendo lado a lado. En la primavera, Cody invitó a su nuevo protegido a practicar con el equipo de atletismo de Lee. Casi de inmediato, el niño de cuarto año sobrepasó a los corredores de fondo del equipo, corriendo 1 600 metros como el segundo tiempo más rápido del equipo, detrás de Cody.

"Ver el éxito de Bebé Jake me inspiró a trabajar duro en mi último año, cuando ya estaba agotado", dice Cody. "Probablemente, él fue la mayor razón de mi éxito en ese año a campo traviesa y en la pista. Si no hubiera sido por él, es posible que no hubiera ganado la carrera regional de 800 metros o hubiera tenido mucho éxito".

El sábado 2 de noviembre de 2013, en el campeonato a campo traviesa de la región 7, en Kentucky, durante la carrera para calificar al campeonato estatal, Cody Johnson quedó en segundo lugar. Su amigo Logan Campbell quedó en primero. "Fue mucho más que especial, después de haber entrenado juntos por tanto tiempo, corriendo en carreras locales y yendo a correr juntos los domingos", dice Cody, con la emoción del momento en su voz. "En mi primer año pusimos la meta de terminar como primero y segundo en la región".

Una semana después, el 9 de noviembre, Cody se alineó junto a otros 216 corredores, incluyendo Logan, en la línea de salida del campeonato estatal de campo traviesa en Kentucky. Quedó en el lugar 28.

"He aprendido que correr se parece mucho al mundo real, en tanto que te recompensa lo que le inviertes", dice. "Requiere todo tu esfuerzo, tu perseverancia y tu mente. También aprendí que nunca me daré por vencido en nada. Muchas veces he estado entre la espada y la pared por la falta de apoyo del sistema educativo, poniéndome en la posición de entrenarme a mí mismo, pero siempre he luchado para triunfar, lo que lo hace todavía más satisfactorio".

De todo el éxito que Cody tuvo en la preparatoria al correr, nada, dice, lo hizo ser quien es hoy. "Las experiencias lo hicieron. Me cambiaron de ser un corredor arrogante y exitoso a uno muy humilde y responsable."

Ahora en su segundo año en la Universidad del Este de Kentucky, Cody cambió su licenciatura en entrenamiento físico por biología, con una segunda carrera como entrenador, conmovido por las experiencias en su vida y la gente en ella. Dice que quiere convertirse en entrenador de preparatoria. "Correr, sin duda alguna, se ha convertido en mi vida gracias a Logan, a la entrenadora Havicus y a las experiencias que he tenido. Podría hablar y hablar sobre cada uno. El Bebé Jake es mi más grande inspiración para buscar una carrera como entrenador. Ver su éxito mientras entrenaba conmigo fue asombroso y excitante. Me hizo amar ser entrenador. Ese niño ha sido mi más grande inspiración y ni siquiera lo sabe."

Cuando le preguntan lo que toda esta experiencia significa para él, Cody habla con la sabiduría de alguien dos veces mayor. "Me di cuenta de que las mejores cosas en la vida vienen de lugares inesperados. Antes de conocer a Logan y a la entrenadora Havicus, nunca hubiera pensado que podría ser amigo de alguien en el condado Owsley, nuestro rival. Ahora, la entrenadora Havicus, Logan y toda su familia son como mi familia. Logan y yo somos como hermanos. Y me considero un miembro de la comunidad de Owsley. También aprendí, gracias a Bebé Jake, que enseñarles a los niños cosas nuevas que son tan preciadas para ti es lo mejor del mundo. Por eso me siento tan inspirado para entrenar atletismo todo el tiempo que pueda, para que otros puedan tener una experiencia tan maravillosa como la mía".

Durante el primer año de universidad de Cody, que fue el último año de preparatoria de Logan Campbell, siguieron entrenando juntos. En el otoño de 2014 llegó el turno de honrar a Logan en la última carrera de la temporada en Owsley, por ser su último año de preparatoria. Cody estuvo en la carrera.

"Correr ha sido todo para mí. Me hace sentir tan libre. Es una forma de vincularme con otros, con quienes entreno, con quienes compito y con quienes entrene en el futuro."

Carreras creativas e imaginativas

Me siento bien y me quedo con eso.

Si corres por la calle Haight, en San Francisco, te encontrarás con La Galería, un pequeño estudio con una fachada que parece de 1960, entre otras tiendas también con aires de los años sesenta, en el conocido distrito hippie de Haight-Ashbury. Dentro de La Galería, un hombre afroamericano de 55 años, con una barba de candado canosa y una gorra plana, está sentado en un banco pintando un cuadro. Su obra de arte, que retrata en su mayoría paisajes de San Francisco, adorna las paredes.

Ronnie Goodman es un artista autodidacta de San Francisco. Ha pintado intermitentemente desde que tenía 8 años. Su arte, dice, se inspira en la belleza y la diversidad de San Francisco, equilibrada con la lucha de la desesperanza humana.

"Intento capturar con mi pincel estas emociones crudas en imágenes de la ciudad", dice. "Tengo una historia que contar. Me parece que tengo mucho que decir. Al ser artista, es muy duro ganarte la vida. Lo más importante de todo es que no me rindo".

Cuando Ronnie Goodman no está pintando, corre. Corre hasta 80 kilómetros a la semana por las calles de San Francisco, entrena para un medio maratón, generalmente usando una camiseta del club de corredores local, Tamalpa Runners. Ha corrido algunos medios maratones, incluyendo el medio maratón de San Francisco, en julio de 2014, el cual quiso correr por su cumpleaños.

Cuando llegas a conocer a Ronnie Goodman y hablas con él sobre sus experiencias como corredor, no te toma mucho tiempo descubrir que sus carreras y su pintura están entrelazadas. Habla desde su corazón y, sin embargo, suele ser indiferente sobre las cosas, quitándoles importancia, como si no fueran nada especial. "Correr me ayuda a inspirarme como artista", dice. "Cuando me atoro creando una obra, correr me ayuda a alejarme del lienzo y me ayuda a unir mis ideas. Puedo ver el lienzo en mi imaginación."

El pensamiento creativo e imaginativo puede considerarse el pináculo de la función cerebral. Requiere ver cosas o ideas que no están ahí. Muchos de nosotros lo intentamos. Hay muchas personas inteligentes, con coeficientes muy altos, cuyas habilidades de memorización rivalizan con las de un actor de Broadway recitando un soliloquio de Shakespeare, pero hacer que esas palabras cobren vida de forma que nos hagan creer que el actor es el personaje que interpreta, moviendo algo dentro de nosotros para que salgamos del teatro siendo personas diferentes... ésas son las personas que admiramos, a los creativos, a quienes tienen pensamientos originales, quienes inventan ideas que nos dejan preguntándonos cómo rayos lo lograron. Muchas personas quieren ser más creativas. He conocido sólo unas cuantas personas en mi vida que han dicho no ser creativas y estar bien así.

Como escritor y emprendedor, vivo de mi creatividad, pero la creatividad es más que sólo un sustento para mí, es un estilo de vida. Ser creativo me llena a un nivel muy profundo, ya sea que esté corriendo, escribiendo un libro, dando una conferencia o desarrollando ideas de negocios. Hay algo liberador sobre ser creativo, pensar en algo alternativo en la vida, desarrollar una idea y verla crecer desde un concepto hasta un producto tangible. Pero a veces es duro pensar diferente, romper el esquema que nuestro sistema educativo creó. La escuela no nos enseña a pensar. Tenemos que descubrir eso por nuestra cuenta.

Se me ocurren muchas ideas mientras corro. Eso puede no ser muy revelador. Después de todo, se nos ocurren ideas en cualquier momento del día, a veces incluso cuando dormimos. Pero hay algo sobre correr que permite a esas ideas llegar a la superficie, cuando es mucho más difícil que surjan mientras estoy sentado en mi escritorio, concentrándome en ellas. El vínculo entre la actividad física y la mente creativa ha sido foco de atención para más de un pensador famoso. "El momento en que mis piernas empiezan a moverse, mi pensamiento empieza a fluir", dijo Henry David Thoreau, "como si hubiera dejado correr libre el arroyo en un lado y consecuentemente fluyeran nuevas fuentes hacia el otro". Al obtener un mejor yo físico, obtenemos un mejor yo creativo.

Mientras que la creatividad es uno de los procesos mentales más investigados, es tal vez el menos comprendido. La ciencia ha vinculado la creatividad con el estado de ánimo, considerando que un estado de ánimo positivo generalmente mejora la creatividad. Una gran cantidad de estudios ha demostrado que el ejercicio aeróbico —incluso sólo una sesión— mejora significativamente el estado de ánimo y estimula el pensamiento creativo, aunque parece que la habilidad incremental de pensar creativamente es independiente de cualquier cambio en el estado de ánimo, sugiriendo que la creatividad no es sólo cuestión de buen humor.

Correr parece desbloquear nuestra capacidad de pensar creativamente. Una investigación de la Universidad de Leiden, en Holanda, ha demostrado que la gente se desempeña mejor en pruebas de pensamiento creativo después de una sesión de ejercicio aeróbico, en comparación con pruebas realizadas antes de hacer ejercicio. Los investigadores también encontraron que la gente que hace ejercicio tiene un resultado más alto en pruebas de pensamiento creativo que la gente que no hace ejercicio. Sin embargo, el ejercicio sólo afecta el pensamiento creativo si estás acostumbrado a hacer ejercicio. Si no, el esfuerzo mental que va hacia el ejercicio mismo se aleja de la habilidad de pensar creativamente después de terminar el entrenamiento, como si éste fuera mentalmente extenuante, así como físicamente. Parece que hacer ejercicio con regularidad entrena a tu cerebro para volverse más flexible y encontrar soluciones creativas, pero sólo si tu cuerpo está acostumbrado a estar activo. Qué interesante: *sólo si tu cuerpo está acostumbrado a estar activo.*

¿Por qué correr cotidianamente aumenta tu creatividad? Para responder esta pregunta necesitamos comprender qué está pasando cuando somos creativos, y para eso, necesitamos ver más allá de nuestro sistema cardiovascular y nuestro sistema muscular. El ejercicio no sólo afecta al corazón y a los músculos, también afecta al cerebro. Es un campo científico interesante llamado neuroplasticidad, la habilidad del cerebro para *cambiar.*

Correr causa adaptaciones morfológicas y neuroquímicas en el cerebro. Aumenta el volumen de cada región de tu cerebro, incluyendo el lóbulo frontal, el lóbulo temporal, el lóbulo parietal y el hipocampo, además de prevenir la atrofia que suele acompañar el envejecimiento. Por el contrario, una vida diaria inactiva es un factor de riesgo para la atrofia cerebral, especialmente en el lóbulo frontal, la parte del cerebro responsable de las emociones, la resolución de problemas, el razonamiento y la planeación. Específicamente, afecta tu capacidad para reconocer futuras consecuencias resultantes de acciones presentes, la elección entre actos buenos y malos, la supresión de respuestas socialmente inaceptables y tu capacidad para identificar similitudes y diferencias entre eventos o cosas. Todos estos factores se ven afectados negativamente por la falta de ejercicio conforme envejeces, y positivamente al permanecer o volverte activo. Correr también facilita la interacción entre la corteza prefrontal del lóbulo frontal y la amígdala. La corteza prefrontal es la parte del lóbulo frontal del cerebro que ayuda a calmar las señales de miedo y ansiedad de la amígdala. Con menos limitaciones de miedo y ansiedad, podemos pensar más clara y libremente.

Si aumentar el volumen de tu cerebro no es suficiente para volverte más creativo, correr hace algo todavía más espectacular: causa *neurogénesis* —la formación de nuevas neuronas— en partes específicas del cerebro. Antes se creía que sólo ocurría en el cerebro en desarrollo de un feto y un recién nacido, pero ahora está aceptado que la neurogénesis incluso ocurre en el cerebro maduro de un adulto. La parte principal del cerebro donde se da es en el hipocampo, localizado bajo la corteza cerebral, en la pared medial del lóbulo temporal. El hipocampo tiene una importancia crítica para la memoria a corto y a largo plazo, la navegación espacial y la regulación de las emociones. Curiosamente, es una de las primeras zonas del cerebro en sufrir daños en pacientes con enfermedad de Alzheimer.

El hipocampo también contiene niveles altos de receptores glucocorticoides, los cuales lo vuelven más vulnerable al estrés a largo plazo que otras áreas del cerebro. Algunos estudios han demostrado que los animales que hacen ejercicio experimentan un incremento sostenido de neurogénesis en el hipocampo, en comparación con animales que no hacen ejercicio. Por ejemplo, cuando a los ratones se les da libre acceso a una rueda durante algunos meses, tienen más del doble de nuevas células cerebrales formadas, en comparación con ratones sin acceso a una rueda.

La neurogénesis también implica que correr te vuelve más listo. El aumento de interacciones entre las células nerviosas significa que más partes de tu cerebro pueden comunicarse unas con otras, y toda esta comunicación apoya lo que los científicos llaman "pensamiento divergente", lo que nosotros llamamos "pensar diferente". Una gran cantidad de estudios han demostrado que correr mejora la inteligencia fluida, incluyendo la capacidad para resolver problemas, la memoria, el aprendizaje y los patrones de reconocimiento. Estas mejoras en la función cognitiva se observan todavía más conforme la gente envejece. De hecho, hay una evidencia considerable de que la falta de actividad física en la gente mayor es un factor de riesgo para el funcionamiento cognitivo deficiente. Parece que si quieres seguir estando bien mentalmente conforme envejeces, es mejor que corras o al menos hagas alguna clase de ejercicio. La actividad física provoca los cambios moleculares y celulares que apoyan y conservan la plasticidad del cerebro. Hay estudios que demuestran que la actividad física favorece el flujo sanguíneo del cerebro, aumenta el abastecimiento de nutrientes al cerebro y facilita el metabolismo neurotransmisor, cada uno ayudándote a pensar mejor.

Es probable que la relación entre la actividad física y el desempeño cognitivo sea recíproca: el aumento en la actividad física lleva a un mejor funcionamiento cognitivo, y la gente más lista hace más ejercicio. No sé si corro porque soy listo o si soy listo porque corro, pero sé que correr me permite pensar de una forma que probablemente no tendría si no lo hiciera.

Algunos científicos en Hong Kong, China y Canadá quisieron descubrir cómo es que correr causa la formación de nuevas células nerviosas en el hipocampo. Su investigación, realizada con ratones y publicada en la revista *Proceedings of the National Academy of Sciences*, en 2014, mostró que esta neurogénesis en el hipocampo está mediada por la adiponectina, una hormona proteínica secretada por las células grasas. La adiponectina modula una cantidad de procesos metabólicos, incluyendo la regulación de la glucosa en la sangre y la oxidación de la grasa. También posee propiedades antidiabéticas, antiinflamatorias, antiaterogénicas y cardioprotectoras. Los niveles de adiponectina se correlacionan inversamente con el porcentaje de grasa corporal en los adultos, lo que significa que entre más bajo sea tu porcentaje de grasa corporal, mayor será tu nivel de adiponectina. Correr es una potente actividad para quemar grasa, disminuyendo tu porcentaje de grasa corporal y por ende aumentando el nivel de adiponectina. En otras palabras, correr puede aumentar la formación de nuevas células nerviosas en tu cerebro y hacerte sentir bien en general por el efecto de disminuir tu porcentaje de grasa corporal. Eso sí es genial.

Es la final de los 1 500 metros olímpicos. "Corredores, a sus puestos", dice el juez de salida mientras doy dos pasos hacia adelante y me inclino sobre la línea de salida, con el músculo recto femoral en mi cuádriceps flexionado con ansiosa atención. Después de un inicio rápido en la línea, me acomodo en una posición, justo detrás de los primeros líderes. Me siento en sus hombros, acechando como un león a su presa, esperando pacientemente por el momento adecuado para atacar. Y luego, cuando nos faltan 300 metros, tomo la delantera y todo lo que puedo pensar es en correr tan rápido como pueda lejos de todos. Salgo de la curva final a la cabeza y con 100 metros faltantes. Corro hacia la línea de meta, haciendo que el mundo me persiga, pero no pueden alcanzarme y cruzo la línea en un éxtasis absoluto, como campeón olímpico.

No sé decirte cuántas veces cuando corro este escenario se cruza por mi mente como un video. Siento la experiencia como si estuviera sucediendo realmente, mi paso acelerándose con el solo pensamiento. Correr abre nuestra imaginación, nos permite ver fuera de los límites percibidos. En una carrera, soy un campeón olímpico. En una carrera, puedo soñar.

A diferencia de otras especies, los humanos tenemos la capacidad única —fundamental para determinar quiénes somos como humanos— de imaginarnos diferentes, mejores de lo que somos. Imaginamos un futuro para nosotros que no existe todavía. Imaginamos una vida que nunca hemos vivido. Imaginamos el yo en que nunca nos hemos convertido. Puede ser que no tenga el talento natural que se necesita para cumplir mi sueño de ser un campeón olímpico, pero mi habilidad para imaginarlo me lleva a volverme un mejor corredor y vivir una vida mejor.

Pero esta capacidad humana única no siempre está llena de arcoíris y rosas, ofreciéndonos una oportunidad de mejorar. Imaginar un yo que todavía no eres puede ser una maldición, lo mismo que un regalo, porque te acosa todo el tiempo el deseo de querer más, de arrepentirte por lo que no has cumplido respecto a tu potencial como ser humano. Para algunos puede ser incluso paralizante. Depende de nosotros elegir si nuestra imaginación nos inspira o nos atormenta.

Personalmente, no sé si correr es una forma de volverme más creativo. No tengo tan claro cómo correr influye mi escritura o mis otras actividades creativas, o mi conciencia de mí mismo, como sucede con Ronnie Goodman. No estoy seguro de que mi creatividad después de correr sea resultado de formar nuevas conexiones en mi cerebro, del efecto beneficioso de correr en mi estado de ánimo o mi bajo porcentaje de grasa corporal, aunque sí noto que correr es bueno para mi ánimo. Cuando termino una carrera, todo es simplemente un poco mejor, mi vida y la forma en que veo al mundo. Remueve todo en mi interior. Cada día de nuestra vida deberíamos tener ese revuelo interno. Y si me siento a escribir inmediatamente después de correr, escribir suele ser más fácil. Hay una calma que acompaña al acto de correr que esta personalidad de tipo de sangre A no puede encontrar en otro momento. Tal vez la creatividad ya esté ahí, pero de alguna manera el efecto relajante de correr le permite surgir. Correr en distintos lugares, por distancias diferentes y dejar que los pensamientos vayan y vengan como les plazca ayuda a este proceso creativo. Me encanta la sensación de un baño después de correr, vestirme con ropa seca y sentarme frente a mi computadora para escribir con calma y tranquilidad después de una carrera. Cualquier corredor que esté de mal humor sabe que correr es una gran forma de cambiar de ánimo. Algunos jurarían que es incluso eufórico.

De hecho, no puedes ser un corredor sin haber escuchado de la euforia de los corredores. Se ha dicho mucho de las endorfinas, esas hormonas liberadas en respuesta a un ejercicio aeróbico. Las endorfinas, dicen los corredores, hacen que te sientas eufórico, pero no sé si lo creo. Yo nunca lo he sentido. Quizá sea deficiente de endorfinas. ¿Esta euforia es real? Y si lo es, ¿dónde está la parte que me toca?

Varios estudios e investigaciones han reportado un aumento de hasta cinco veces de los niveles de betaendorfina en plasma después de hacer ejercicio, y muchas veces se ha utilizado este gran incremento como sustento de que las betaendorfinas son las responsables de poner eufóricos a los corredores. Sin embargo, las betaendorfinas se liberan al torrente sanguíneo desde la hipófisis y sólo pueden entrar marginalmente al cerebro a través de la barrera hematoencefálica. Así, cualquier existencia de una euforia en los corredores, percibida o real, seguramente no es resultado de las betaendorfinas, como se pensó antes por las cifras de éstas en la sangre de la periferia. Otros estudios han demostrado que correr activa los receptores opioides y canabinoides, liberando estos compuestos químicos en la región frontal medial del cerebro después de un ejercicio aeróbico sostenido, de intensidad media o alta. Existe una correlación alta entre los opioides y canabinoides, y la euforia que perciben los corredores, por lo que parece que la euforia de los corredores sí puede al menos existir, pero se debe a los opioides y canabinoides en el cerebro, en lugar de a las endorfinas en la sangre.

Puede que sea deficiente de opioides, así como de endorfinas, porque nunca me he sentido eufórico durante o inmediatamente después de una carrera. Pero no corro por los episodios eufóricos. Aun así, a veces, durante una carrera, los movimientos de mis piernas se sienten más fluidos y mi nivel de energía es mayor. En esos momentos he sentido que mi cuerpo sabe, adelantándose a mi cerebro, cómo desempeñarse. El reconocido psicólogo Mihály Csíkszentmihályi, de la Universidad de Chicago, llama a esta experiencia el *flujo*, un estado de relajación en el que te olvidas del tiempo y te sientes seguro y en control. Es como si mi cuerpo rompiera la primera ley de la termodinámica y en realidad creara energía. La energía no crea nada fuera de una experiencia de aprendizaje, en la que puedo aprender sobre mi cuerpo y su mundo de una forma única. Paso el preciado tiempo aprendiendo sobre tales cosas como pensar y ser, la asociación y la soledad, la realidad y la ficción. Lo que es ficción para cualquier otro se vuelve mi realidad, así como los personajes en la página de una novela son reales para su autor. Yo soy el autor de mi cuerpo, sintiéndome como si acabara de crear y descubrir el movimiento por primera vez.

El momento del flujo, como los grandes momentos en mi vida, es fugaz y dura sólo 2 o 3 kilómetros cuando corro. Luego vuelvo a sentirme normal, y correr se vuelve nuevamente una empresa consciente. El científico en mí quiere saber qué provoca esta sensación, este flujo de movimiento y por qué sólo sucede en ciertas ocasiones. Tal vez tiene algo que ver con la alineación de los planetas. Tal vez mi Júpiter no está alineado con mi Saturno este mes. Sin embargo, al filósofo y al atleta en mí no les importa en lo absoluto por qué sucede, sólo que existe ese momento y esa sensación. Quizá algún día la ciencia pueda alcanzar a la evidencia anecdótica. Quizá sí tenga endorfinas y opioides después de todo.

Ronnie Goodman conoce esa desesperanza humana de la que pinta en La Galería de la calle Haight. Al experimentar la depresión después de que murió su madre, intentó automedicarse con drogas, usando marihuana, heroína y cocaína. Pasó ocho años en la prisión de San Quintín por robo. Ha sido un indigente desde el año 2000. Tiene cuatro hijos, uno de los cuales murió acuchillado. Su exesposa no quiere saber nada de él desde que se volvió drogadicto. "Una vez que te metes en las drogas, pierdes todo", dice.

Ya limpio desde 2003, Ronnie vive una vida muy sencilla en las calles de San Francisco. Pinta y corre. Incluso sin tener mucho a su nombre, todavía le da algo a la comunidad que ha apoyado su arte y sus carreras. Vende sus impresiones, posters, tarjetas de felicitación y playeras en La Galería y en su página web. Dirige el estudio a cambio de poder pintar en él. Dona su arte a las iglesias y recauda fondos para Hospitality House, una organización que provee programas para la comunidad indigente de San Francisco.

Ronnie ha estado corriendo intermitentemente desde la primaria. "Corro enteramente por diversión", dice. Fue un poco competitivo en la secundaria, pero no lo tomó en serio hasta mucho después, irónicamente cuando estuvo en prisión. Fue ahí que conoció a un voluntario llamado Frank. Como corredor, Frank empezó el Club de Corredores de 1 000 Millas en la prisión de Ronnie. Éste se unió, diciendo que quería hacer algo saludable por sí mismo. Mientras estuvo en prisión, Ronnie corrió cuatro veces a la semana durante una hora u hora y media, alrededor del patio. Incluso corrió cuatro maratones en prisión, 105 vueltas alrededor de la pista de 400 metros.

"Correr te lleva a un estado de meditación", dice, con la perspectiva filosófica del artista que es. "Te hace ver las cosas de forma diferente. Si estoy pasando por algo que sucedió el día anterior y me deprimió, me pongo mis tenis y es como si dijera, 'Oh, ya, se acabó. Sólo corrí y me sentí bien. No necesito quedarme con esas emociones que me hicieron sentir mal. Me siento bien y me quedo con eso'".

Desde que salió de prisión, ha corrido algunos medios maratones, e incluso corrió la famosa carrera de senderismo Dipsea, en el condado Marin, en California, la carrera más antigua de Estados Unidos. Su récord personal de medio maratón es de 1:38 horas, ya en sus cincuenta.

Cuando le pregunto cómo corre siendo indigente, dice, "Sólo lo hago". No había mucho más en esa respuesta, pero yo quería saber otro poco de lo que había, así que le hice las preguntas que la mayoría de los corredores querrían saber de uno que fuera indigente.

"¿Cómo te bañas?", le pregunté.

"Uso las regaderas de los centros comunitarios en San Francisco".

"¿Cómo comes?".

"¿Voy a una iglesia local para comer":

"¿Cómo compras tenis?".

"Cuando vendo un cuadro uso el dinero para comprar tenis".

Tenía curiosidad de cómo era posible que pudiera entrevistarlo por teléfono.

"Hay un servicio de Buzón de Voz para Conectar con Indigentes", me dijo, "en caso de que algún familiar quiera ponerse en contacto con alguien que lo sea".

Cuando le preguntas al exdrogadicto y convicto *por qué* corre, recibes una respuesta con un trasfondo *mucho* mayor. "Cuando corro, siento que no estoy ahí. Siento que estoy en otra parte. Siento que estoy dentro de mí mismo. Es el momento espiritual de correr y correr. Puedo correr por 2 horas y soy una persona libre durante esas 2 horas".

Algunas veces Ronnie corre con su amigo Frank, el voluntario que conoció en prisión, pero suele correr solo, usando esos momentos para imaginar y crear el arte que pintará más tarde en el día.

Algunos verían a Ronnie Goodman y sentirían lástima por él, pero Ronnie no siente lástima por sí mismo. Por el contrario. En muchas formas, ha dado un giro a su vida y vive la vida que quiere, pintando y corriendo, y ayudando a la comunidad con su arte. ¿Cuántos de nosotros con dinero y lujos no damos nada? ¿Cuántos de nosotros perseguimos nuestras pasiones más profundas? ¿Cuántos de nosotros encontramos una verdadera inspiración en las cosas que hacemos y usamos las carreras para abrir nuestras mentes y crear arte, en la forma que sea? Ronnie lo hace.

Termino mi conversación con él preguntándole qué quiere que la gente sepa sobre él.

"Sólo quiero que sepan que soy un artista y un corredor. Me hace sentir vivo".

Correr es el lugar donde *todos* nos volvemos artistas, donde podemos soñar e imaginar y crear la vida que queremos.

Carreras productivas

**Lo más importante es mantener lo más
importante como lo más importante.**

En Escondido, California, Kristin Stehly se levanta de la
cama a las 4:30 a.m. Prepara un poco de café y camina
sonámbula en la oscuridad hasta su sótano, casi trope-
zándose con sus gatos sin pelo. Toma los tenis y la ropa para
correr que están junto a su caminadora, se viste y corre entre
15 y 25 kilómetros mientras ve *El diablo viste a la moda* en Netflix.

"Corro generalmente muy temprano, en la caminadora,
antes de que nadie se despierte", dice. "Una vez que empieza
el día, no para, así que es el único momento que tengo".

Después de unos 20 minutos, se baja de la caminadora
para estirarse durante unos segundos. Su cadera le está mo-
lestando otra vez. Le diagnosticaron una condición degene-
rativa cuando era niña y todavía le da problemas, displasia en
la cadera izquierda. Corre con ello lo mejor que puede. Un
desgarre reciente en el labrum de la cadera le impidió correr
por completo. El médico dice que probablemente necesite
cirugía en algún momento.

A las 6:30 a.m. se mete a bañar, se viste, despierta a sus
gemelos de cinco años, prepara el desayuno y empaca sus al-
muerzos antes de llevarlos a la escuela. Antes de irse, atiende
a las múltiples mascotas de la familia, incluyendo tres gatos,

dos de los cuales no tienen pelo, y muchos pájaros y tortugas que vagan por el jardín alrededor de su casa. Kristin y su esposo, el encargado de aves del Parque Safari en San Diego, aman a los animales.

Con los niños a su lado, sale de la casa a las 7:30 a.m. Después de dejarlos, se va a su trabajo de tiempo completo como maestra de educación física de secundaria en el Centro Valley, muy cerca.

Como muchas madres que trabajan tiempo completo, Kristin está muy ocupada, pero como pocas, Kristin también corre medios maratones y maratones. Muchos. Ha corrido alrededor de 30 medios maratones y 26 maratones. En 2014 nada más corrió ocho medios maratones y 11 maratones, y tiene récords personales de 1:30 y 3:17 horas. Para entrenar para estas carreras, corre entre 80 y 95 kilómetros a la semana, la mayoría en su caminadora del sótano. Empezó a correr medios maratones cuando tenía 26 años.

"Correr me hace más productiva porque me ayuda a enfocar mis metas, no sólo sobre correr, sino en la vida", dice. "Sé que debo hacer las cosas cuando tengo la oportunidad. Correr me motiva en prácticamente todas las áreas de mi vida".

Llega a casa entre las 3:30 y las 4:00 p.m. Un par de días a la semana, maneja directamente de la escuela al YMCA en Encinitas para dar una clase de KettleWorx o circuitos de cardio de alta intensidad con pilométricos, como instructora grupal de medio tiempo. Después de la clase se va a casa para estar con su familia y cocinar la cena.

"Me dedico a encontrar recetas fáciles, saludables y que se puedan preparar rápido", dice. "Me gusta encontrar la forma menos complicada de hacer las cosas eficientemente".

Mientras cocina la cena, baña a sus hijos y les pone las pijamas. Después de cenar, recoge la cocina y les lee.

"Diario necesito decidir si quiero pasar más tiempo en la cocina o correr", dice. "Es difícil como mamá porque nos presionamos mucho sobre poder hacer todo, pero la realidad es que si vas a dedicar tanto tiempo a correr, le tienes que quitar tiempo a otra cosa. No me importa realmente llegar a una fiesta con el regalo mejor envuelto o el postre más rico. Debí aprender a no compararme con otros. No a todo mundo le gusta correr, así que no todos lo comprenden. Es mi pasión, sin embargo, y por fortuna al vivir mi pasión, inspiro a otros a seguir la suya".

Cuando estaba en la preparatoria, fui a un campamento de atletismo. Era parecido al campamento de una banda, pero corríamos en lugar de tocar instrumentos. Se llamaba Campamento de Velocidad Mighty Burner. Era un campamento único, no sólo por su nombre, el cual intimidaba a algunos, sino por los cuatro entrenadores. Eran los miembros del equipo de relevos de 1 600 metros que compitió en las Olimpiadas de 1968, en la Ciudad de México. Los cuatro atletas corrieron 400 metros cada uno, considerados los corredores de 400 metros más veloces de su generación: Vince Matthews, Ron Freeman, Larry James y Lee Evans. Juntos ganaron la medalla olímpica de oro en relevos de 1 600 metros y establecieron un récord mundial de 56.16 segundos, el cual continuó durante 20 años. Individualmente, Lee Evans ganó la medalla de oro en 400 metros y estableció el récord mundial de 43.86 segundos. Larry James, cuyo apodo era Mighty Burner, ganó la medalla de plata en 400 metros y corrió el segundo mejor tiempo en la historia, con 43.97 segundos. Ron Freeman ganó la medalla de bronce en 400 metros, corriendo 44.41 segundos, lo que significó que el equipo de relevos de Estados Unidos tuvo las tres medallas en los 400 metros. (El cuarto miembro del equipo, Vince Matthews, quien quedó en cuarto lugar en las pruebas de Estados Unidos para calificar a las olimpiadas, hizo lo mismo en la carrera de 400 metros en la Ciudad de México, pero ganó la medalla de oro en 400 metros en las Olimpiadas de Múnich, Alemania, en 1972). Decir que estos tipos eran todos unos atletas se queda corto.

Un hombre de palabras rápidas al igual que sus piernas, Larry James tenía un dicho para nosotros, corredores impresionables de preparatoria, el cual, me enteré después, tomó prestado del psicólogo y autor Stephen Covey: "Lo más importante es mantener lo más importante como lo más importante".

"¿Qué es lo más importante?", nos preguntó mientras nos juntábamos en grupo en la pista.

"Lo más importante es mantener lo más importante como lo más importante", respondimos al unísono.

"¿Qué es lo más importante?".

"Lo más importante es mantener lo más importante como lo más importante".

"¿Qué es lo más importante?".

"Lo más importante es mantener lo más importante como lo más importante".

Correr enfoca tu esfuerzo, te ayuda a mantener lo más importante como lo más importante. No hay nada como una carrera larga para poner en perspectiva tu vida. Nos preocupamos por situaciones que no ocurren, gastamos el tiempo en asuntos que no importan, seguimos caminos que no llevan a ninguna parte. Correr nos pone en el camino correcto, nos dirige hacia una vida llena de significado, y nos ayuda a hacer más.

Yo veo mi día en dos partes: el tiempo que paso corriendo y el resto del día. Cuando sé que *tengo* que correr, siempre puedo encontrar el tiempo para hacerlo. Los humanos se sienten motivados por lo que quieren hacer y por lo que sienten que tienen que hacer. No es negociable. Y dado que necesito hacer tiempo para correr, tengo que ser mejor en optimizar el resto de mi día.

Cada persona que conozco me dice rápidamente lo ocupada que está. "Ocupado" puede ser la palabra más utilizada del diccionario, incluso las investigaciones demuestran (junto con los ratings televisivos) que la gente tiene más tiempo libre que nunca antes. Estar ocupado no es algo que valga la pena. Ser productivo sí. Lo que realmente importa no es cuánto puedes abarcar, sino cuánto puedes lograr verdaderamente. La gente conoce los nombres de los atletas de ese equipo olímpico de relevos por lo que lograron en la Ciudad de México.

Siempre he creído que es mejor hacer una cosa muy bien, que muchas cosas a la mitad. Correr nos da la oportunidad, sin importar los genes con los que hayamos nacido, de volvernos mejores que el promedio, de volvernos productivos, de volvernos hábiles. Cuando mantenemos lo más importante como lo más importante, somos productivos, no estamos ocupados.

Después de mis años corriendo, todavía mi productividad y mi sensación de logro giran sobre correr, en lugar de cualquier otra cosa. Incluso si no hago nada más el resto del día, todavía siento que logré algo si corro. Sospecho que muchos otros corredores se sienten igual. Dado que corro todos los días, cada día incluye esa sensación de éxito. Cruzo la entrada de mi casa después de correr pensando, "¡Listo! Acabo de colocar una pieza más del rompecabezas para alcanzar mi meta". Es una sensación exactamente opuesta a la de entrenar al aire, sin una dirección. Como dijo Yogi Berra: "Debes tener mucho cuidado si no sabes adónde vas porque es posible que no llegues". No gastes tu tiempo corriendo entrenamientos que no cumplan un propósito específico, incluso si éste es exclusivamente por diversión o para liberar estrés. Si vas a poner esfuerzo en algo, ¿no es mejor que valga la pena, en lugar de gastar tu tiempo? Cuando tienes un propósito, te vuelves un corredor más fuerte, mejor y más productivo, que siente que puede lograr lo que sea.

Los psicólogos del deporte de aquí a Tombuctú se han vuelto famosos por decirles a los atletas que fijen metas. Y tienen razón. Las metas dirigen nuestro esfuerzo, llevándonos hacia resultados y logros específicos. Los estudios muestran que las metas afectan todo para los atletas, desde aumentar sus habilidades atléticas, hasta incrementar su distancia semanal recorrida. Cuando determinamos metas, cambiamos nuestro comportamiento en un esfuerzo por lograrlas. Nos volvemos más productivos, enfocándonos en las cosas que nos llevarán ahí y eliminarán lo que no queremos.

La mayoría de la gente se queja de que no tiene tiempo para hacer ejercicio. De hecho, la falta de tiempo es el pretexto más común para no hacerlo, pero la cantidad de tiempo que la gente percibe que perdería al ejercitarse se compensa por completo el resto del día. Correr te da más confianza, más energía, te vuelve más creativo, más apasionado. Como resultado, en realidad haces *más* el resto del día, no menos. Correr tiene una forma de jugar con el tiempo, de favorecer tu manejo personal.

La falta de tiempo no es realmente un buen pretexto cuando consideramos cuánto tiempo gastamos. He notado que la gente que tiene mucho tiempo en sus manos no hace muchas cosas. Es muy fácil perder el tiempo cuando no tienes mucho que hacer. ¿Cuánto tiempo pasa una persona común viendo la televisión o leyendo algo y comentando los muros de sus amigos en Facebook, o sus fotos en Instagram? ¿Cuánto tiempo pasa una persona común que quiere perder peso sentada en su sillón leyendo libros para bajar de peso? Estados Unidos tiene muchos lectores de libros para perder peso, pero no suficientes lectores que lo apliquen. Correr resuelve este problema.

Una de las cosas que me gustan sobre correr es lo mucho que puedes lograr en poco tiempo. No necesitas correr mucho para ver un gran beneficio. La mayoría de los entrenamientos pueden hacerse en menos de una hora. Ve a tu pista local, calienta 2 o 3 kilómetros, corre entre seis y 10 repeticiones de 400 metros (una vuelta) a un paso rápido, con un tiempo similar para un trote de recuperación entre cada repetición, y enfríate durante 2 kilómetros, y en menos de una hora, ya lograste uno de los mejores entrenamientos para mejorar la condición que experimentarás en tu vida. Después de un entrenamiento así, es difícil no sentir que hiciste algo bueno por ti. Es muy difícil no traspasar ese sentimiento a todo lo demás que hagas durante el día.

Hay muchas anécdotas de directores generales y emprendedores sobre cómo la confianza, la motivación, la creatividad y la productividad derivadas del ejercicio los llevan al éxito. La vida no es sólo la supervivencia del más fuerte, como argumentaba Darwin; también es el éxito del más fuerte. Toma la investigación de Vasilios Kosteas, un economista de la Universidad de Cleveland, quien estudió si el ejercicio regular lleva a ganar más dinero en el mercado laboral. Encontró que un individuo sedentario que empieza a hacer ejercicio algunas veces al mes verá un promedio de 2.2 por ciento de aumento en su ganancia semanal, y un individuo que hace ejercicio entre una y tres veces al mes gana un promedio de 5.2 por ciento más que un individuo sedentario, y que las personas que hacen ejercicio regularmente ganan entre 6 y 9 por ciento más. Al utilizar procedimientos estadísticos sofisticados para desentrañar los detalles de la relación, mostró que hacer ejercicio regularmente y tener más éxito económico no sólo están relacionados, sino que la relación entre ambos es *casual*, es decir, que la gente que hace ejercicio gana más *porque* hace ejercicio. La gente que hace ejercicio, particularmente quienes entrenan para conseguir una meta, están motivados para ser exitosos. Entre la gente que corre regularmente, 73 por ciento tiene un ingreso de más de $75 000 dólares, comparado con el ingreso promedio en Estados Unidos de $52 700.

Otro estudio examinó la relación entre el logro académico y la condición física entre los niños de primaria y secundaria. Se evaluó el logro académico como calificación aprobatoria en las pruebas del Sistema de Evaluación Comprehensiva de Massachusetts, en matemáticas y literatura. El logro en la condición física se evaluó con la cantidad de pruebas de condición física que los estudiantes pasaron durante sus clases de educación física. Los investigadores encontraron que las probabilidades de pasar tanto matemáticas como literatura aumentaban conforme se incrementaba el número de pruebas de condición física que los estudiantes pasaban, incluso cuando los investigadores controlaron los factores que podían afectar, ya fuera su logro académico o su condición física, incluyendo el peso corporal, la etnicidad, el sexo, el grado escolar y el estatus socioeconómico. Incluso en culturas en las cuales el logro académico se tiene en mucha estima, como en la sociedad competitiva china de Taiwán, hay un fuerte vínculo entre los resultados de pruebas de condición física y el logro académico de los estudiantes.

Vemos esta tendencia en otros ambientes también. No es coincidencia que los equipos universitarios de campo traviesa tengan los promedios generales más altos de todos los equipos de atletismo del campus. La disciplina, la motivación y la cantidad de trabajo que requiere ser un buen corredor son paralelas a lo que se necesita para ser un buen estudiante. Si quieres que tus hijos destaquen en la escuela, diles que corran. Setenta y cinco por ciento de los corredores son universitarios, comparado con sólo 30 por ciento de la población adulta en general de Estados Unidos.

Cuando la gente se entera de que soy escritor, muchos me dicen que no tienen la disciplina para sentarse durante horas a la vez y escribir un libro. Tengo un amigo que escribe en una revista de su empresa y la envía a sus clientes, y me dice que tiene dificultades para sentarse siquiera una hora a redactarla. Una de las formas en que correr te vuelve más productivo es enseñarte disciplina. Se necesita disciplina para correr cada día. Se necesita disciplina para escribir un libro. Es difícil enfocarnos en un trabajo productivo, especialmente en estos días, cuando nos distraen las redes sociales, los correos electrónicos, los mensajes de texto, los canales de ventas, la televisión, iTunes, los smartphones y las Kardashian. Nos hemos convertido en una sociedad de conveniencia y flojera. Correr va en contra de la sociedad moderna. Pero eso es exactamente por lo que correr te enseña disciplina, porque tienes que dejar el control remoto y dejar de ver las fotos de tus amigos en Facebook. La disciplina que aprendes de correr se mantiene durante el resto de tu vida. Correr distingue lo que es importante en la vida y lo que no. Pone en perspectiva llanamente, y justo enfrente de nosotros, lo que realmente importa.

Son las 8:00 p.m., hora de que Kristin Stehly acueste a sus gemelos. Alrededor de las 8:30 p.m. se sienta frente a su computadora para escribir en su blog, donde añade las fotos de los calcetines de compresión que usó durante su último medio maratón y las colaciones sanas que comió a lo largo del día. Kristin es embajadora de marca para una gran cantidad de compañías de nutrición y ejercicio. Escribe sobre los productos en su vida como corredora y amante de la comida en su popular blog StuftMama.com. Cuando termina de escribirlo, entre las 10:00 y las 10:30 p.m., se va a dormir.

Ser mamá y esposa son sus prioridades, pero es definitivamente muy pesado intentar embonar todo con un trabajo de tiempo completo, clases en el gimnasio, escribir su blog y dormir lo suficiente. Es difícil que Kristin pueda sentarse para una entrevista. Para comprender cómo ajusta correr entre todo lo demás, necesitamos comprender lo que motiva a la gente a tomar sus decisiones.

Uno de los motivadores más fuertes para que la gente haga algo es que *quiera* hacerlo. Es por eso que Dale Carnegie dice en su libro *Cómo ganar amigos e influir sobre las personas*, para influir en alguien para que haga algo, necesitas despertar en esa persona el ávido deseo de hacerlo.

"Si algo es importante para ti, haces tiempo para ello", dice Kristin. "Yo tengo que buscar tiempo para correr. Hace mucho descubrí que nunca tendré más tiempo, pero si es importante para mí, buscaré ese tiempo. Incluso si es sólo un respiro de 40 minutos, si puedo correr, la aprovecho".

Pero no siempre es tan fácil, y es esta parte no tan fácil lo que evita que millones de personas corran estando ocupadas con el trabajo y la familia. Mientras que muchas veces puede parecer egoísta para las personas cercanas a nosotros porque correr resta tiempo de cosas que otros tal vez quieren que hagamos inmediatamente por ellos, los beneficios de ser un corredor recaen en quienes están cerca de nosotros en una gran variedad de formas, desde nuestra habilidad para ser buenos padres y parejas, hasta guiar e inspirar a otros.

"Yo corro porque me vuelve una mejor mamá, esposa, amiga y maestra. Me hace ser una mejor persona. Quiero inspirar a otros a creer en sí mismos y a soñar en grande. Yo empecé a correr tarde en mi vida y realmente no debería poder correr por mi problema de la cadera, pero puedo y lo hago. Creo que correr puede volver a cualquiera una mejor persona. Se trata de salir al mundo y salir de tu zona de confort, y alcanzar nuevas metas", dice Kristin.

Carreras con seguridad

Si no se me hubiera dado el regalo de algo tan
ordinario, mi vida se habría desarrollado de una forma
completamente distinta y mucho más mundana.

Cuando entras al Laboratorio de Desempeño Humano
último modelo, en el campus de la Universidad de
Calgary, enclavado en las sombras de las Rocallosas
canadienses, no puedes evitar quedar impactado. Construido
en preparación para las olimpiadas de invierno de 1988, es
uno de los muchos legados olímpicos en Calgary. Lo primero
que ves cuando caminas a través de las puertas dobles del laboratorio son cinco carriles para correr que van por todo lo
largo de la habitación. Hay plataformas de fuerza encajadas
en el suelo de hule y cámaras en tripiés alrededor. La gente
corre en la pista, primero con tenis y luego descalza —las
plataformas de fuerza miden cuánta fuerza se aplica en diferentes partes del pie bajo estas condiciones—, y las cámaras
capturan cada ángulo de los movimientos de los corredores
para crear una imagen tridimensional que se evaluará utilizando software para análisis de movimiento.

En otro cuarto, una atleta corre en una caminadora em-
potrada en la loseta mientras respira por una boquilla pare-
cida a un snorkel, conectada a una manguera que a su vez
se conecta a los aparatos para medir el volumen de oxígeno

consumido y dióxido de carbono exhalado. Cada 5 minutos, conforme la atleta sigue corriendo, se le saca sangre de un catéter en su brazo para medir la concentración de lactatos y otros metabolitos.

En otra parte del laboratorio, la investigación cambia rápidamente de un movimiento de cuerpo completo a un microscópico músculo. El doctor Walter Herzog, un hombre delgado, increíblemente alto, y codirector del laboratorio, se encuentra entre algunos equipos sofisticados.

"Estamos identificando los mecanismos moleculares de la contracción muscular", dice con su acento suizo-alemán, como si fuera un día más en la oficina.

Walter es uno de los científicos más prominentes a nivel mundial en el fascinante y amplio campo de la biomecánica, el cual une la física y la biología del movimiento humano. Su cargo en la Universidad de Calgary comprende varios departamentos, incluyendo kinesiología, ingeniería y medicina. Su principal investigación estos días es sobre la neuromecánica del músculo esquelético. Su investigación es a la vez experimental y teórica en naturaleza, e incluye manipulación celular, pruebas mecánicas, modelaje de elementos finitos, mecánica de medios continuos, simulaciones y teorías de crecimiento y adaptación de tejidos suaves y duros. Cosas serias.

No entiendo la mayor parte de lo que Walter hace. Comprendo una que otra oración de lo que dice. Una de sus publicaciones más recientes se titula "Pérdida de área de contacto tibiofemoral, pero sin cambios en niveles máximos de presión después de la menisectomía en cuádriceps lebruno *in vivo* del modelo de transferencia de fuerza". Decir que es un tipo muy inteligente se queda corto.

Durante los últimos 15 años, su investigación ha estado enfocada en el papel de las proteínas moleculares en la contracción de los músculos esqueléticos, principalmente una proteína llamada titina. Para estudiar la titina y ver cómo interactúa con las proteínas musculares más populares, como la actina y la miosina, su equipo y él necesitan ver el músculo a nivel molecular, examinando las estructuras en forma de bastones dentro de las fibras musculares llamadas miofibrillas, e incluso aislando las secciones repetidas que corren a lo largo de las miofibrillas, llamadas sarcómeros, las unidades más pequeñas de la contracción muscular. Su laboratorio fue el primero, y hasta ahora el único, de dos laboratorios en el mundo que aislaron y analizaron mecánicamente las propiedades de los sarcómeros. Su investigación está trayendo nueva luz a la forma cómo las proteínas dentro de los músculos funcionan juntas para provocar las contracciones musculares.

En 2006, Walter ganó el prestigioso premio Borelli, adecuadamente nombrado en honor del científico del siglo XVII Giovanni Alfonso Borelli, cuyo libro, *De Motu Animalium* (del movimiento animal), es tal vez el documento más viejo de un estudio científico sobre correr. Es adecuado porque Walter no sólo es un gran académico, también es un corredor de toda la vida. Su carrera favorita es la de 800 metros, el equivalente métrico de media milla.

"Correr dos veces alrededor de la pista tan rápido como pueda me ha fascinado durante muchos años", dice.

Ahora, a la edad de 60 años, Walter ha estado corriendo desde que tiene memoria. Creció hablando alemán en Zurzach (después renombrado Bad Zurzach), un pueblo de 6.5 kilómetros cuadrados sobre el río Rin, en la parte norte de Suiza. Su primera competencia fue a los 6 años, cuando participó en una carrera de velocidad de 60 metros. Era el niño más veloz de todo el pueblo, aunque bromea diciendo que el pueblo sólo tenía 16 niños de su edad, así que no era muy difícil serlo. Pero correr para Walter no era sólo sobre ser veloz.

"Desde muy pronto, siendo niño, me di cuenta de que mi bienestar corporal y espiritual —mi cuerpo y mi cerebro— eran uno mismo, íntimamente conectados".

Como muchos otros niños que crecieron en Suiza, corría por lo general mientras jugaba futbol. Jugó futbol competitivo desde los 6 o 7 años, y luego participó en carreras locales de velocidad, a campo traviesa y en calle.

"La primera vez que me di cuenta de que probablemente tenía un poco de talento para correr fue cuando llegué al campeonato suizo por grupos de edad a los 12 años. Gané la carrera de 600 metros y quedé en segundo lugar en salto con garrocha y salto de longitud sin ningún entrenamiento formal, sólo con los juegos de futbol que duraban toda la tarde los sábados", dice. "Probablemente corría 10 o 12 kilómetros durante los juegos".

A los 14 años, todavía jugando futbol, pero sin ningún entrenamiento formal de atletismo, compitió de nuevo en el campeonato suizo por grupos de edad y quedó en quinto lugar, mientras que hizo 3 minutos en la carrera de 1 000 metros y quedó en tercero tanto en lanzamiento de bala como en salto de longitud. A los 17 años se unió a un club oficial de atletismo por primera vez y corrió 800 metros en 2:04 minutos. A los 18 corrió en 1:57 y a los 19 corrió en 1:52. Más tarde ese año, sus dos mejores amigos y él ganaron la carrera de tres relevos de 1 000 metros en el campeonato nacional suizo, estableciendo un récord suizo que se mantuvo durante muchos años.

Cuando Walter cumplió 20, su meta era correr los 800 metros en 1:48 minutos, lo que estaba alrededor de 4 segundos por encima del récord mundial de entonces. Al haber corrido "sólo" 1:51, decidió estudiar de tiempo completo y olvidarse de sus ambiciones olímpicas e internacionales. "Sentía que era un par de segundos demasiado lento para llegar a ser competitivo a nivel internacional", dice.

Siguió entrenando tres o cinco veces a la semana, corriendo media hora y haciendo un par de entrenamientos en pista cada semana durante el verano. Continuó corriendo los 800 metros entre 1:51 y 1:53 minutos en un entrenamiento moderado, hasta que cumplió 28 años. Entonces dejó de correr en competencias. Esquió a campo traviesa en los inviernos y corría por diversión en los veranos, pero pasarían 20 años hasta que compitiera de nuevo en una pista.

Imagina por un momento que es 1932 y estás en la Serie Mundial entre los Cachorros de Chicago y los Yankees de Nueva York en Wrigley Field, en Chicago, y Babe Ruth está al bat. El *pitcher* lanza la pelota al *catcher*, Babe gira su robusto torso y falla. *Strike* uno. El *pitcher* lanza de nuevo. Babe batea y falla. *Strike* dos. Antes del siguiente lanzamiento, Babe hace algo que atrapa tu atención y la de todos en el estadio. Señala con su dedo gordo hacia el centro del campo. "¿Qué está haciendo?", te preguntas. Pero antes de que puedas responder, el siguiente lanzamiento ya va hacia *home*. Esta vez, Babe batea, la pelota rompe su pesado bat y sale volando hacia la pared central. *Home run*. Estás impactado. "¿Cómo lo hizo?", le preguntas a tu amigo, sentado junto a ti. Pero no lo sabe. Nadie lo sabe. Excepto Babe Ruth.

La razón por la que pudo adivinar su propio *home run* fue porque creyó que podría. Tenía confianza en la situación. En ese momento en particular, enfrentándose a ese *pitcher* en particular, Babe Ruth tenía un alto nivel de confianza.

Ser capaces de hacer cosas extraordinarias no es tan poco común. Sólo toma cierta cantidad de confianza en nuestras habilidades. Todos somos capaces de hacer grandes cosas, sólo no lo sabemos o lo creemos tan seguido.

Pero las grandes cosas no tienen que ser el centro de nuestra vida. Para algunas personas, sólo salir por la puerta para correr durante 15 minutos es un logro digno. Los grandes logros y las tareas comunes requieren cierta convicción de que uno puede tener el comportamiento necesario para producir el resultado deseado. En los años setenta, el psicólogo Albert Bandura inventó un término para describir esta convicción, la *autoeficacia*, la seguridad en uno mismo en una situación específica. Bandura definió la autoeficacia como el juicio de la gente sobre sus capacidades para organizar y ejecutar cursos de acción requeridos para lograr tipos de desempeño designados. No se trata de las habilidades que uno tiene ni de la habilidad *per se*, sino del juicio o la valoración personal de lo que uno puede hacer con sus habilidades. Cuando creemos, podemos hacer.

Crear estos juicios empieza, como la mayoría de las autovaloraciones, cuando somos muy pequeños. Las experiencias iniciales de eficacia se centran en la familia, pero conforme nuestro mundo social se expande rápidamente siendo niños, los compañeros asumen un papel cada vez más importante en el hecho de que nosotros desarrollemos el autoconocimiento de nuestras capacidades.

La teoría de la autoeficacia de Bandura ha atraído la atención de muchos investigadores en el área de la psicología de la salud y el ejercicio. Las investigaciones han encontrado que otros motivadores del ejercicio, como la incitación del miedo —por ejemplo, el riesgo de enfermedad—, no han animado a la gente a empezar un programa de ejercicios con la misma confiabilidad como la autoeficacia. Lo que la gente cree sobre su habilidad para lograr algo ha demostrado estar consistentemente entre los determinantes más importantes de la actividad física y el comportamiento deportivo. La gente corre porque cree que puede. Y la gente no corre porque cree que no puede.

Todos somos inseguros sobre algo. No importa qué gran estrella de rock seas, cuánto dinero tengas, qué tan atractivo o inteligente seas, o qué corredor tan talentoso seas. No he conocido a nadie que no sea inseguro sobre algo. Encuentra algo que te dé autoaceptación.

Correr fortalece nuestra confianza en nosotros mismos y en lo que podemos lograr. Llena el vacío creado por la inseguridad. ¿Cuánta gente conoces que pueda correr un maratón y luego pensar que puede hacer cualquier cosa? Como se siente la gente sobre sí misma y sus capacidades es tal vez el factor más importante para determinar las acciones y direcciones que toma en su vida. Y determina qué tan exitosa es. Las investigaciones con atletas han demostrado que entre más alta sea su autoeficacia, mejor será su desempeño. De hecho, los atletas usan frases de autoeficacia más que cualquier otra estrategia cuando intentan mentalizarse antes de una competencia. No sólo somos lo que pensamos, somos lo que creemos ser.

Correr siempre ha sido mi camino hacia la autoaceptación. Ser un corredor siempre ha sido quien creo ser. Incluso si nunca alcancé el nivel que quería al correr, siempre me ha hecho sentir bien sobre mí mismo. Aceptémoslo, ganar una carrera, cualquier carrera, es bueno para el ego, pero yo sé que correr no es para todos. Hay algunas personas —llamémosles locas— a quienes no les gusta correr. Sé que para ti y para mí es difícil de creer, pero las hay. Sin importar qué tan elocuente quiera ser al explicar los beneficios de correr, todavía no les interesa. Está bien. No todos podemos ser corredores. La variedad es el sabor de la vida. Nuestras diferencias son lo que hace que la vida —y la gente— sea interesante. Encuentra algo en lo que seas el mejor, que te sientas bien haciéndolo, algo que te dé seguridad, algo que te ayude a sentir autoaceptación.

El año después de completar mi doctorado, me invitaron a presentar mi tesis en la Conferencia Anual del Colegio Americano de Medicina del Deporte. Es una conferencia intimidante para un estudiante recién graduado, o incluso para uno recién doctorado, porque asisten los mejores científicos del mundo en el campo interdisciplinario de la medicina del deporte, la fisiología, la biomecánica, la kinesiología, la terapia física, el aprendizaje motor, la psicología del deporte, la anatomía, la bioquímica y la medicina. Al estar cerca de estos investigadores, estaba mucho más que nervioso. Te diré un secreto: siempre me ha preocupado que, en el ambiente correcto, entre gente que es más inteligente que yo, se notará de qué pie cojeo. Esto puede ser culpa de mi hermano gemelo. Después de todos estos años, todavía cree que es el gemelo inteligente, y puede que tenga razón. Siempre me ha costado trabajo sacar buenas calificaciones. Para mi hermano, la escuela es fácil. Así que estaba nervioso por presentar mi investigación en esta conferencia, donde habría mucha gente que podía humillarme si lo quisiera.

Muchas de las presentaciones en esta conferencia se dan en sesiones temáticas, así que los asistentes pueden elegir qué tema ver. Mi disertación, la cual trataba sobre la coordinación de la respiración y el ritmo de la zancada en los corredores, quedó en el tema de fisiología respiratoria. Mientras la escribía, me familiaricé sumamente con la investigación de los mejores fisiólogos respiratorios del ejercicio, así que sabía quién iba a venir.

Me senté en el recinto con los demás asistentes, esperando mi turno para hablar. Para una de las presentaciones, un científico expuso su investigación, contradiciendo los hallazgos del doctor Jerry Dempsey, de la Universidad de Wisconsin, cuya investigación en fisiología respiratoria y ejercicio se conoce en todo el mundo. Después de que este científico terminara de hablar, alguien comentó desde la parte trasera del recinto. Volteé y vi a Jerry Dempsey. Digamos que en los minutos siguientes todo se calentó un poco. Como si fuera un tigre territorial defendiendo su cachorro, el doctor Dempsey retó al otro científico, diciéndole abiertamente que su investigación era una basura y sus conclusiones estaban mal, y defendió su propio trabajo. No fue muy agradable de ver. De hecho, se puso tan intenso que podía ver a otros sentirse incómodos. Incluyéndome. ¿Adivina quién era el siguiente presentador?

Después de 5 minutos de esta diatriba sobre la investigación de uno y otro, me tocaba hablar a mí. Al principio, pensé, "¿Tengo que ir después de eso?". Muchas cosas pasan por tu mente en un momento como ése. Era muy fácil distraerme con la discusión. ¿Dejaré que mis nervios me traicionen? Y estaba nervioso por la gente que estaba ahí, como Jerry Dempsey. Había leído su investigación. Tenía mucha más experiencia en el tema que yo.

El moderador de la sesión dijo: "La siguiente presentación es 'Pulmones y piernas: el vínculo de la respiración y la locomoción en corredores de fondo altamente entrenados, por Jason Karp". Eso era todo lo que necesitaba oír. Me levanté de mi asiento, fui al frente del recinto, me subí al pódium, listo para mostrar mi primera diapositiva de Power-Point, e hice lo que cualquier otro corredor seguro de sí mismo habría hecho: hice una broma sobre lo que acababa de suceder. El público se rio y luego empecé mi presentación. Al terminar, me hicieron sólo algunas preguntas ligeras sobre mi investigación y Jerry Dempsey no dijo una palabra. Salí del recinto y respiré con alivio.

Cuando estoy en una situación como ésta, siempre busco apoyo en correr. Me veo como un corredor, antes que nada. Correr, y específicamente competir, te enseña autocontrol. Hay muchas cosas que pueden suceder durante una carrera, que pueden alejarte de tu estrategia. Algunas pueden no tener nada que ver con la carrera misma. Puede estar lloviendo. Tal vez comiste demasiada pasta la noche anterior. Un familiar pudo haber fallecido recientemente. Algunos de los distractores pueden estar directamente relacionados con la carrera. Los corredores pueden ser mejores que tú, pueden empezar a un paso más veloz que el tuyo, pueden empujarte fuera cuando compites en pista o puedes quedarte atrapado tras muchas personas en el camino con poco espacio para correr a tu ritmo. Tu entrenamiento antes de la carrera pudo no haber sido el que quisieras. Tal vez tengas un resfriado. Puede que incluso sientas a la mitad de la carrera que necesitas ir al baño como nunca en tu vida. Sucede. Pero lo que sea que pase, debes mantener tu autocontrol y enfocarte en la tarea frente a ti para poder obtener el resultado que quieres. Debes enfocarte en la razón por la que despertaste temprano hoy que fuiste a la línea de salida. Es parte de ser un atleta. Es parte de ser la mejor persona que quieres llegar a ser a través de la carrera. Correr te da un espacio óptimo para practicar el autocontrol, y entonces, cuando estás lejos de la pista o del camino, en un centro de convenciones a punto de hacer una presentación en un lugar lleno de científicos con grandes egos, puedes soltar una broma, tranquilizar a todos y hacer bien tu trabajo.

Si estás parado en la línea de meta de una gran carrera, notarás la expresión en los otros corredores, los brazos alzados, los puños en el aire mientras cruzan la meta. Hay un verdadero sentido de logro y poder, ya sea que un corredor acabe de terminar su primer maratón o corra su mejor tiempo. La persona sedentaria que acaba de decidir levantarse de su sillón y entrenar para una carrera no es la única que experimenta esa sensación de poder. Incluso los mejores corredores del mundo la sienten. Steve Prefontaine, quien tuvo el récord americano en siete diferentes competencias —desde los 2 000 metros hasta los 10 000 metros—, dijo antes de morir a la corta edad de 24 años: "Muchas personas participan en una carrera para ver quién es el más veloz. Yo corro para ver quién es el que tiene más coraje, quién se puede castigar hasta un ritmo extenuante y luego, al final, castigarse un poco más".

¿Qué podemos aprender de todo este castigo? ¿Por qué los corredores se infligen este castigo voluntariamente? ¿Somos masoquistas y sentimos placer con el dolor? Algunos corredores, como Steve Prefontaine, sin duda eran del tipo masoquista, en tanto que realmente sentían placer del dolor que les provocaba un entrenamiento pesado o una carrera. Lo admito, durante algunos entrenamientos me presiono sólo un poco más para probar los límites de lo que puedo soportar. Internalizo el dolor, intento alimentarme de él y dejo que el esfuerzo sea su propia recompensa. No es fácil.

Va en contra de la naturaleza humana de conservar nuestra comodidad. Nos gusta lo cómodo. Pero yo lo hago de todos modos.

La mayoría de nosotros, hasta cierto punto, piensa que el dolor es bueno. De alguna manera pensamos que la disciplina y la fuerza de voluntad para nunca rendirnos, la disposición para hacer el esfuerzo con todo lo que tenemos, nos otorga un poder personal. Sobrevivir las carreras y las competencias difíciles y a veces dolorosas te da poder, y éste se extiende a todos los demás aspectos de tu vida. Superamos el dolor al correr y en la vida. Cuando crees que puedes lograr lo que sea, es una libertad personal verdadera. Ya no te sientes tímido o asustado al perseguir algo porque correr te ha dado el poder de ser más audaz. "Cuando cumples tus sueños", dijo Henry David Thoreau, "no es tanto lo que recibes, sino en quién te conviertes al cumplirlos".

La visión de Girls on the Run, una organización que promueve el valor de correr entre las niñas en edad escolar, estipula: "Ideamos un mundo donde cada niña conozca y active su potencial ilimitado, y sea libre para perseguir audazmente sus sueños".

Girls on the Run se estableció en 1996, en Charlotte, Carolina del Norte. El programa provee a jóvenes preadolescentes las herramientas necesarias para aceptar sus fortalezas individuales y navegar exitosamente por sus experiencias de vida. Con la ayuda de más de 120 000 voluntarios, el programa ayuda a más de 150 000 niñas, en más de 200 ciudades por todo Norteamérica cada año. En 2013, Girls on the Run organizó 258 eventos de 5 kilómetros en Estados Unidos y Canadá.

Con dos encuentros semanales de grupos entre ocho y veinte participantes, el programa enseña recursos para la vida por medio de lecciones interactivas, dinámicas y juegos. Entrenadores certificados enseñan el temario de 24 lecciones, que incluye tres partes: comprenderse a sí mismas, valorar las relaciones y el trabajo en equipo, y comprender cómo se conectan con el mundo en general. Correr se utiliza para inspirar y motivar a las niñas, fomentar la salud y el bienestar a largo plazo, y construir su confianza a través del logro. Se desarrollan importantes habilidades y talentos sociales, psicológicos y físicos, y se refuerzan a lo largo del programa. Al final de cada sesión, las niñas y sus compañeras de entrenamiento terminan una carrera de 5 kilómetros, lo que les da un sentido tangible de logro, así como el marco para establecer y alcanzar metas de vida. ¿El resultado? Hacer que lo que parece imposible sea posible, y enseñar a las niñas que pueden lograrlo.

Todos tenemos problemas. Nadie pasa por la vida sin algunas heridas, unos cuantos moretones y un par de tropiezos. Algunos de nosotros tenemos catástrofes y crisis mayores. Nos preocupamos sin parar por nuestra salud, nuestro dinero y nuestros hijos, y nunca termina. Algunos usan la religión como una forma de lidiar con los problemas de la vida. Van a la iglesia, a un templo o a una mezquita, y rezan a un poder supremo para que mejore las cosas, para que los ayude a soportar la carga que no pueden manejar por sí solos. Otros se vuelcan en correr como una forma de religión, como su oportunidad de reflexionar y hablar con Dios. Correr elimina el estrés de la mayoría de los problemas en la vida, remarcando el placer de las cosas buenas, al menos durante los preciados momentos en los que estamos corriendo. Literalmente, podemos poner espacio entre nosotros y los problemas, insertando claridad en medio y desarrollando la confianza para manejar y lidiar lo que se nos pide. Si tenemos suerte y hemos aprendido cómo transferir las habilidades, la confianza y el poder que nos da correr puede mejorar cada hora de nuestra vida.

En una vida en la que no tenemos mucho control, correr nos da control. *Tú* decides correr. *Tú* decides no correr. *Tú* puedes decidir qué tan lejos correr, qué tan rápido o qué tan seguido, y dónde o cuándo correr. Correr pone el control en *tus* manos. Correr te da la seguridad para arriesgarte, para tomar el camino que, como Frost dice, hará toda la diferencia en tu vida.

Conocí a Walter, a quien llamaba doctor Herzog, cuando tenía 40 años. Yo tenía 22 y era un estudiante de maestría arrogante y sin experiencia cuando entré a su oficina en la Universidad de Calgary. Estaba impresionado e intimidado al mismo tiempo. Me di cuenta de que sabía lo suyo. En otra conversación me dijo que no se sintió igual sobre mí y, en pocas palabras, me dijo que su primera impresión de mí no fue buena. Me tomó casi dos años cambiar la imagen que mi asesor tenía de mí.

Un día, estaba sentado en la oficina de Walter, hablándole sobre el proyecto de investigación en el que estaba trabajando —el tema esotérico de los patrones de reclutamiento de las fibras musculares durante las contracciones excéntricas—, y le pregunté de dónde venía su habilidad para desarrollar ideas sobre cómo y por qué los músculos trabajan como lo hacen. Pensé que me iba a decir algo como: "Por eso yo soy el asesor y tú el estudiante", así que me sorprendió cuando dijo, sin dudar: "Años de investigación". Fue hasta mucho tiempo después, ya habiendo experimentado años de investigación por mi cuenta mientras trabajaba en mi docto-rado, que comprendí lo que quería decir y llegué al punto de sentirme capaz de desarrollar mis propias ideas.

Después de empezar a competir de nuevo en la pista a la edad de 48 años, Walter compitió en el campeonato mundial de atletismo profesional en Edmonton, Alberta, a los 50 años: "Sólo porque estaba cerca", dijo. Quedó en tercer lugar en los 400 metros y en segundo en los 800 metros, corriendo el veloz tiempo de 2:09 y perdiendo sólo por una centésima de segundo. Actualmente tiene varios récords en su grupo de edad en Alberta, en las carreras de 600 y 800 metros.

A los 60 años, Walter todavía espera romper los 60 se-gundos en los 400 metros y correr en menos de 2:20 los 800 metros. "Correr 2:20 todavía se siente como correr 1:51 cuando era joven. Es el mismo esfuerzo, se siente como la misma velocidad y todavía me da la misma satisfacción que cuando tenía 20 años".

Al ser un científico y un corredor también, no pude evi-tar preguntarle cómo ve el acto de correr a través de sus ojos de científico, especialmente alguien que ha dedicado gran parte de su carrera a la mecánica de los músculos.

"Cuando esquío a campo traviesa, pienso mucho en la me-cánica de ello porque es tan técnico, que después de 50 años de practicarlo todavía mejoro mi técnica cada año. Cuando corro, nunca pienso en la mecánica o en los músculos. Correr es sólo un movimiento natural".

Walter no es sólo un científico que corre rápido para su edad, aunque con eso ya es interesante. Ser un científico ve-loz es esencial para quien Walter es porque no sería científico si no corriera rápido.

"Haber recibido un poco de talento para correr, me dio la confianza para tener una vida que nunca habría encontrado en mi familia de granjeros de clase trabajadora", dice. "Me abrió puertas y caminos que nunca me habría atrevido a explorar de otro modo. El hecho es que, si no se me hubiera dado el regalo de algo tan ordinario, mi vida se habría desarrollado de una forma completamente distinta y mucho más mundana, porque nunca habría creído que ese niñito pueblerino podría siquiera aspirar a algo más que una vida ordinaria en un pueblo pequeño. Correr me dio la seguridad que no podía encontrar en ninguna otra parte de mi vida. Sin ella, nunca habría ido a la universidad y nunca me habría convertido en científico y académico. Me habría vuelto un granjero, como mi padre, me habría casado con alguna muchacha de ahí y sería feliz con mi pequeña familia".

Walter se describe a sí mismo como una persona callada y tranquila, y admite que no estaba nervioso cuando se casó, cuando hizo sus exámenes doctorales, al estar en el nacimiento de sus hijos ni nada más que se le pueda ocurrir. Sin embargo, cuando se para en la línea de salida de una carrera de 800 metros, todo cambia. "Casi no puedo controlar mis músculos y mi mente se vuelve loca", dice. "Ha sido, por mucho, lo más emocional que he tenido que hacer en mi vida. Es difícil de comprender porque correr no tiene un significado existencial, ni tampoco ningún valor. Aun así, ha sido algo conmovedor para mí desde que era joven, como nada lo ha sido".

Ahí yace quizá la más grande paradoja sobre correr: en algo de tan poca consecuencia, que no tiene significado existencial, encontramos algo tan significativo, algo tan profundo, que le dé a un niño de 6 años de una pequeña comunidad suiza la confianza para ir a otro país, obtener un doctorado y convertirse en uno de los científicos más importantes de su campo en el mundo.

Conviértete en un mejor corredor y en una mejor versión de ti

Y los hombros resultaron ser míos.

La salida 8 de la carretera de Nueva Jersey te deja en el pueblo suburbano de Hightstown, en el condado Mercer de Nueva Jersey, a 16 kilómetros al sudeste de la Universidad de Princeton. Al manejar por la calle principal al sur de Hightstown, te encuentras con el complejo del Colegio Peddie, una preparatoria privada de internado, de 500 estudiantes, mejor conocida por sus rigurosos estándares académicos y por su más famoso egresado, Walter Annenberg, el exembajador de Estados Unidos en Reino Unido y editor y fundador de numerosos medios de comunicación impresos y televisivos.

Si caminas por el bellamente cuidado campus de 113 hectáreas del Colegio Peddie, el cual parece más una universidad que una preparatoria, rápidamente te darás cuenta de que hay un culto en el campus. En el invierno, un grupo de estudiantes sin vello corporal camina por la escuela utilizando abrigos largos azules y dorados, con capucha, oliendo a cloro. Son miembros del equipo de natación, la tercera razón por la que Peddie es conocida.

En el extremo este del campus se encuentra la alberca techada último modelo, donde verás a estos nadadores pasando incontables horas, tanto antes como después de clases, nadando de aquí para allá, con el único propósito de convertirse en los mejores nadadores que puedan ser. Y en Peddie, lo mejor que se pueda ser significa el mejor en el país.

Yo asistí a Peddie durante mi primer año de preparatoria, aunque no tuve mucho que ver con el equipo de natación. No soy un nadador. Pero los nadadores destacaban en el campus por sus chamarras encapuchadas con el logo del equipo y la atención que siempre generan. En mi clase de cálculo, me sentaba junto a Bárbara Jane (Bedford) Miller, una rubia muy sociable de cabello corto, conocida como B. J., quien estableció el récord nacional de preparatoria en los 100 metros de nado de espalda y ganó una medalla olímpica de oro. En mi clase de psicología, me sentaba junto a Nelson Diebel, quien sólo dos años después ganaría la medalla de oro en nado de pecho en los 100 metros de las Olimpiadas de Barcelona. Como equipo, Peddie había quedado como el número uno en el país ocho veces según la revista *Swimming World*, ganando el llamado mítico campeonato nacional. Desde 1992, el equipo de Peddie ha tenido representación en todos los juegos olímpicos.

Antes de competencias importantes de natación, podías escuchar discusiones graciosas en los pasillos sobre tener que rasurarse ahí abajo y apretarse todo en un intento de nadar más rápido. Como miembro de los equipos de pista y campo traviesa, también me interesaba ir más rápido, así que no pude evitar oírlos. "¿De qué cosa rara están hablando?", preguntaba. "¿Me serviría a mí también? ¿Los nadadores tienen algún secreto?". ¿Qué pueden aprender los corredores de los nadadores?

La mayoría de las personas, cuando se enteran de mi pasado como corredor y a lo que me dedico, me dicen: "Ay, odio correr" o "Ay, no puedo correr", o mi favorita: "Yo no corro", como si correr fuera algo reservado sólo para esas personas flacas, sin grasa corporal, que parecen poder comer lo que sea y tanto como quieran, usando sólo tenis y jeans en público, y con rodillas fuertes, que de alguna manera soportan mágicamente todos esos golpes.

Muchas personas me dicen que correr les parece aburrido, que es muy monótono. Supongo que tienen razón sobre la monotonía. No hay mucho para distraerte de lo que estás haciendo físicamente. A menos de que corras con alguien más, no hay nadie con quién hablar, no hay pelota ni raqueta ni ningún otro equipo, y terminas en el mismo lugar que empezaste. Pones un pie enfrente del otro una y otra y otra vez. Correr es bastante repetitivo. Es un movimiento cíclico, constante, de las piernas y los brazos. Es especialmente cierto si corres en una caminadora. Te quedas en un solo lugar y todos los movimientos se vuelven automáticos. Incluso cuando corres en exteriores, puedes perderte en el movimiento que es casi meditativo. Algunas personas aman esa meditación, pero otras no.

Aunque no lo creas, muchas personas odian correr. Sí, es verdad. La mayoría de la gente que lo odia no corre lo suficiente para dejar de odiarlo. Nunca llegan más allá de la dificultad de ello. Se rinden antes de llegar al punto en que el esfuerzo se vuelve algo natural. Y ahí está el problema de correr: como al principio es difícil y aburrido para muchas personas, lo evitan, y como consecuencia nunca llegan a experimentar todos los beneficios que conlleva. Mucha gente me dice que ha intentado correr, pero lo dejan porque les duelen las rodillas. La gente quiere creer que no puede hacer nada sólo porque es difícil. Pero correr en realidad no lo es tanto. Es una actividad muy natural. Todos lo hacemos de pequeños sin que nos lo hayan enseñado. Correr es más natural que muchas otras actividades humanas, como nadar, andar en bicicleta o manejar. Lleva a un niño pequeño al parque y ya está corriendo antes de que le digas que lo haga. Lleva a un niño a una alberca y no tiene idea de qué hacer.

Si dejamos ciertas patologías de lado, la mayoría de la gente puede correr si le enseñan cómo y lo practica. Pero es difícil para la gente. Por natural que sea correr como movimiento humano, todavía es muy difícil para la mayoría de la gente que no creció haciéndolo. Es más difícil que andar en bicicleta y es más difícil que nadar pero, ¿adivina qué? La vida es difícil. Sólo porque correr lo sea, no significa que deberías dejar de hacerlo, no más de lo que deberías alejarte de otras partes de tu vida. El truco está en aprender a lidiar con las partes difíciles para que puedas disfrutar de las divertidas. Es precisamente al trabajar para sobrepasar las difíciles que obtenemos los beneficios que realmente importan. *Sí puedes* correr. Y sí puedes correr más de lo que corres ahora. ¿Será difícil? Es probable. ¿Valdrá la pena? Por supuesto. Hay muchas formas de bajar tu colesterol y tu presión arterial, o de conseguir glúteos marcados, no *necesitas* correr para eso. Pero correr también te da eso, y más.

Los humanos evolucionaron para correr, especialmente largas distancias. La ciencia ha documentado ampliamente que la actividad física fue una parte necesaria para la vida de los humanos primitivos; no había otra forma de obtener comida. Aunque los humanos no podían correr tan rápido como otros animales (la velocidad humana mayor es de 37.5 kilómetros por hora —los récords mundiales del velocista Usain Bolt de 9.58 segundos para 100 metros y 19.19 segundos para

200 metros—, comparada con la de casi 112 kilómetros por hora de un guepardo), estaban entre los mejores corredores de largas distancias, y hay múltiples razones para ello.

Muchos linajes humanos, incluyendo los que llevan al *homo sapiens*, evolucionaron en las tierras altas africanas, a 1 000 o 2 000 metros de altura. Así, la selección natural de Darwin habría favorecido a los que tuvieran mejores habilidades aeróbicas para tolerar el ambiente bajo en oxígeno de tal altitud. No es de sorprender que las características fisiológicas subyacentes en la tolerancia del humano moderno a la altitud sean similares a las que se asocian con un desempeño de resistencia mayor. La evolución de nuestra fisiología tuvo una dependencia inherente a la entrega eficiente de oxígeno y el desarrollo del metabolismo aeróbico con oxígeno, con una dependencia relativamente menor al metabolismo anaeróbico sin oxígeno. Necesitamos oxígeno para sobrevivir como especie.

Nuestros pulmones, que tienen una pared extremadamente delgada y sin embargo inmensamente fuerte sobre una enorme área, han evolucionado para ser el medio perfecto para el intercambio de oxígeno y dióxido de carbono. Los humanos, junto con otros mamíferos y aves, son las únicas especies que tienen una separación completa entre la circulación pulmonar y sistémica (de todo el cuerpo), algo esencial para proteger la berrera de sangre y gas de las altas presiones vasculares que ocurren durante el ejercicio.

Nuestros pulmones no son la única razón por la que somos tan buenos corredores. El arco en la planta del pie ha evolucionado para desempeñarse mejor que el puente de suspensión mejor fabricado, absorbiendo cada golpe contra el suelo. Nuestro tendón de Aquiles, fuerte y grueso, llamado en honor del héroe griego de la guerra de Troya, actúa como un resorte perfecto, convirtiendo la energía elástica en energía cinética para propulsarnos hacia adelante con cada paso, como el golpe de una liga.

Sin embargo, quizá lo más importante, a diferencia de otros mamíferos, es que los humanos podemos sudar. Mucho. Con 2 a 4 millones de glándulas sudoríparas y la habilidad de sudar en exceso hasta 4 litros cada hora, tenemos un excelente mecanismo para regular la temperatura corporal a través del enfriamiento por evaporación, previniendo entonces que nos sobrecalentemos por el trabajo muscular continuo. Si mides la temperatura de tu piel cuando corres, te darás cuenta de que se va enfriando, no calentando, como uno esperaría. Además de nuestras múltiples glándulas sudoríparas, tenemos menos pelo corporal que nuestros ancestros, lo que incrementa el enfriamiento por la convección de aire sobre la piel. Podemos disipar el calor corporal más rápido que ningún otro mamífero. Nuestra habilidad para correr largas distancias —y poder cazar animales más veloces, pero menos resistentes— les permitió a nuestros ancestros proveer comida para sus familias y sobrevivir como especie. Los humanos no sólo nacimos para correr, corremos para nacer.

Lecciones

Tengo un amigo cuyo hijo, Billy, nació sin el brazo derecho. Cuando Billy nació, su madre estaba muy preocupada. Sabía que la vida sería difícil para él, pero se prometió a sí misma que intentaría darle a Billy una niñez tan normal como fuera posible. No quería reprimirlo por una discapacidad ni que se viera a sí mismo como un discapacitado.

Cuando Billy cumplió 7 años, le preguntó a su mamá si podía tomar clases de karate. Al principio se puso nerviosa con la idea; después de todo, el karate puede ser muy peligroso, especialmente para alguien sin un brazo. Pero recordó la promesa que se hizo cuando él nació, así que accedió, esperando que Billy estuviera bien.

El primer día en clase, Billy conoció a su sensei, quien le enseñó un movimiento y le dijo que lo practicara. Al final de la primera clase, mandó a Billy a casa y le dijo que volviera la próxima semana. Después, el sensei le mostró el mismo movimiento y le dijo que lo practicara. Billy practicó el mismo movimiento a la semana siguiente y a la siguiente, y a la siguiente. Después de un par de meses de lecciones, el sensei le dijo: "Billy, estás listo para tu primer torneo de karate". Billy no podía creer lo que oía.

"¿Qué?", dijo, sorprendido con la idea. "¿Cómo puedo estar listo para competir? Me ha enseñado sólo un movimiento y no tengo mi brazo derecho".

"No te preocupes. Estás listo", dijo el sensei con seguridad. Billy estaba tan nervioso que no les dijo a sus amigos en la escuela; ni siquiera le dijo a su mamá. Fue sólo con su sensei al torneo de karate. En su primer enfrentamiento, Billy se paró nervioso en el tapete, frente a su oponente. No sabía qué rayos hacer. Nunca había estado en esa posición antes. Miró a su sensei, subió los hombros y preguntó: "¿Qué hago?". El sensei lo miró directamente y dijo: "Haz el movimiento". Así que Billy lo hizo y ganó el combate. Para su segundo enfrentamiento, estaba nervioso nuevamente. Estaba de pie en el tapete, frente a su oponente. De nuevo, miró a su sensei, subió los hombros y preguntó: "¿Qué hago?". El sensei contestó: "Haz el movimiento".

Así que Billy hizo el movimiento y ganó el combate. Para su tercero, todavía estaba nervioso, aunque un poco más seguro que antes. Se quedó de pie en el tapete, frente a su oponente. De nuevo, inseguro de lo que debía hacer contra su oponente, más fuerte y experimentado que él, miró al sensei y le preguntó: "¿Qué hago?". El sensei contestó: "Haz el movimiento".

Así que Billy hizo el movimiento y ganó el combate. Billy hizo el movimiento, el único que se sabía, durante algunas veces más, ganando cada uno de sus combates, hasta que llegó a la final. Con cada ronda del torneo cobraba confianza. Para el combate final del campeonato, contra el campeón defensor, Billy se paró en el tapete, frente a su oponente. Esta vez, miró al sensei, pero no necesitó decir nada. Billy asintió. El sensei asintió. Billy hizo el movimiento y ganó el campeonato. El público estaba de pie. Billy no podía creerlo. Nunca había logrado nada como eso antes.

Durante el camino de regreso a su casa, con el trofeo del torneo entre sus manos, Billy le dijo a su sensei: "Sensei, no entiendo. ¿Cómo pude ganar un torneo de karate? Sólo sé un...". El sensei lo interrumpió antes de que terminara la oración.

"Billy", dijo con autoridad, "has dominado el movimiento más difícil de karate. Sólo existe una defensa para ese movimiento. Para que tu oponente pudiera defenderse de ese movimiento, tendría que agarrarte del brazo derecho".

Volverte un mejor corredor se trata, en un principio, de aprender las lecciones correctas, y después, de ejecutarlas. Una de esas lecciones es correr más. Es una de las primeras cosas que le digo a quien me pregunta cómo puede correr mejor, sin importar el nivel de corredor que sea. Para casi todos los corredores, es la forma infalible de mejorar. Eso no significa que debas dejar tu trabajo y dar a tus hijos en adopción para que puedas correr 160 kilómetros a la semana, como los mejores corredores del mundo. Para la mayoría de la gente, aumentar su kilometraje actual le devolverá una buena ganancia por su inversión. Lo que corres cada semana tiene el mayor impacto en tu condición, en lo rápido que corres y en cuánto control tienes en tus carreras, cuándo y si es que compites.

Correr más, incluso cuando cubres esos kilómetros lentamente, te vuelve más rápido, más fuerte y un mejor corredor. Suena contradictorio. ¿Cómo correr *lento* puede hacer que corras *más rápido* y con *más control*? Pues se da porque correr muchos kilómetros mejora muchas de las características que necesitas para una buena resistencia. La mayoría de la gente piensa que la resistencia es la habilidad para correr una *mayor distancia*, pero en realidad es la habilidad de *sostener un ritmo más veloz*. La mayoría de la gente tiene la velocidad para correr rápido durante un periodo corto de tiempo. Todos salimos disparados en el parque siendo niños. Lo que falta es la habilidad para resistir ese ritmo durante toda la carrera. Lo que puede mejorarse es nuestra habilidad para mantener el esfuerzo durante toda nuestra vida.

Como corredores, tendemos a pensar mucho sobre cómo correr. De hecho, el número de kilómetros que corremos cada semana suele definir nuestro estatus. Entre más corremos, más nos valoramos, mejor pensamos de nosotros como corredores. Incluso otros corredores nos preguntan cuántos kilómetros corremos y hacen juicios basados en nuestra respuesta. Sin embargo, la cantidad de tiempo que pasamos corriendo es más importante que la cantidad de kilómetros, dado que es la duración del esfuerzo (el tiempo corriendo) lo que nuestro cuerpo siente. Un corredor más veloz cubrirá la misma distancia en menos tiempo que un corredor más lento, o por ponerlo de otro modo, cubrirá más kilómetros en el mismo tiempo. Por ejemplo, un corredor que promedia un ritmo de 7 minutos para 1 600 metros, en 64 kilómetros a la semana, corre la misma cantidad de tiempo que un corredor con un ritmo promedio de 10 minutos para 1 600 metros, en 45 kilómetros a la semana (450 minutos a la semana), y por tanto está experimentando la misma cantidad de estrés. Y eso es lo que importa, el estrés. El corredor más lento puede correr menos kilómetros, pero el tiempo que pasa corriendo —y por ende el estímulo para la adaptación— es el mismo. Si un corredor más lento intenta correr tanto como uno más veloz, el lento experimentará más estrés y entonces se pondrá en un mayor riesgo de lesionarse. No tenemos que ir por la vida al paso de otra persona, sólo debemos tomar la vida a un paso que sea correcto para nosotros.

La resistencia no mejora al correr una distancia específica, sino al correr durante un periodo específico de tiempo. La duración del esfuerzo es uno de los factores clave que aumentan la señal biológica para provocar adaptaciones que finalmente lleven a mejorar el desempeño. Enfocarse en el tiempo en lugar de la distancia es un mejor método para igualar la cantidad de estrés entre los corredores de diferentes habilidades. Tus piernas no comprenden lo que es un kilómetro, ni lo que son 42 kilómetros; sólo saben qué tan duro están trabajando y qué tanto tiempo llevan trabajando. El esfuerzo en el tiempo.

A menos de que estés entrenando velocidad en general, como el medallista olímpico Usain Bolt, cuyos músculos necesitan ser poderosos para producir mucha fuerza en un muy corto periodo de tiempo, no entrenas para practicar correr más rápido. Como un corredor de fondo, deberías entrenar para aumentar las características fisiológicas que te permitan correr más rápido en el futuro. Es una forma diferente de ver tu entrenamiento, pero es la que te convertirá en un mejor corredor. Piensa en una línea de ensamblaje: si quieres hacer más productos, la mejor estrategia es aumentar la cantidad de trabajadores (características fisiológicas), para que tengas más líneas de ensamblaje para hacer el trabajo, en lugar de aumentar la velocidad en la que los trabajadores se mueven. La meta del entrenamiento es obtener el mayor beneficio mientras ocurre la menor cantidad de estrés, así que corre tan lento como puedas para obtener el resultado deseado. El mejor método de entrenamiento es el que te da más respecto de quién eres física, psicológica y emocionalmente. Así que necesitas conocerte a ti mismo.

¿Cuáles son tus fortalezas y cuáles son tus debilidades como corredor? ¿Tienes una mejor resistencia o una mejor velocidad? ¿Qué tipos de entrenamientos te parecen más fáciles y cuáles te parecen más difíciles? ¿Qué tipos de carreras te emocionan? ¿Eres capaz de estar a la par con otros corredores durante la mitad de la carrera, pero te dejan atrás antes de la meta? ¿Tienes un buen sentido del ritmo? ¿Eres impaciente? ¿Te pones demasiado nervioso o ansioso antes de competir? ¿Qué tan bueno es tu ritmo final y qué tan lejos de la línea de meta lo puedes mantener? ¿Corres por diversión, por la emoción de la competencia o para llevarte más allá de tus límites?

Cuando te conoces a ti mismo, con tus fortalezas y debilidades, puedes usarlo como ventaja para convertirte en un mejor corredor y tener mejores competencias. Por ejemplo, si tienes una mayor resistencia, dirige tu entrenamiento hacia un mayor kilometraje y carreras de tempo. Si tienes una mejor velocidad, dirige tu entrenamiento hacia intervalos más rápidos. Si tienes un gran sentido del ritmo, haz entrenamientos más largos y carreras en las que el ritmo realmente importe. Para ser un mejor corredor —y mejor en todo lo que hagas—, debes saber en qué eres bueno y enfocar tu esfuerzo en eso. Al igual que el hijo de mi amigo, Billy.

Compromiso

Hay muchas razones fisiológicas y bioquímicas para convertirte en un mejor corredor, todas muy interesantes, y conocerlas te permite crear un efecto sobre resultados específicos en tu entrenamiento, y volverte más eficiente en la tarea. Pero volverte un mejor corredor no sólo se trata de tu corazón, tus músculos y el resto de fisiología y bioquímica. También se trata del *compromiso*. Ser mejor corredor —mejor en lo que sea, realmente— requiere práctica y paciencia. Práctica porque necesitas repetir una tarea en particular para dominarla, y paciencia porque, cuando corremos, estamos intentando cambiar las cosas a nivel celular. Estamos cambiando nuestra química, y ése es un proceso lento.

El compromiso que haces de correr todos los días, o al menos muchas veces a la semana, crea un hábito dentro de ti. Transforma el acto de correr de un pasatiempo a algo *significativo*. Cuando haces algo que tiene significado en tu vida, no puedes evitar mejorar en ello y disfrutarlo más.

Hay mucho más en el compromiso de correr que sólo volverte un mejor corredor, aunque para la mayoría de los corredores eso sería suficiente. Cuando escarbas más adentro, hay algo todavía más valioso que quitarle segundos a tu tiempo de 5 kilómetros o minutos a tu tiempo de maratón. Cuando corres más, aprendes algo sobre ti mismo. Aprendes el esfuerzo que requiere. Aprendes la rutina. Aprendes lo que significa hacer más, ser más, estar tan fatigado que todo lo que quieres es dormir. Sin importar el nivel de corredor que seas, dedicarte a la empresa de convertirte en uno mejor te libera del equipaje innecesario que sobrecarga tu vida. No hay tiempo para la televisión cuando estás en una misión. El viaje te impele a callarte, dejar de quejarte y dejar de inventar pretextos para lo que no puedes hacer. Una lección importante de correr es que te enseña a dar más de ti mismo, y sales del otro lado como una persona más fuerte, más segura y más capaz, consciente de que, cuando las cosas se ponen difíciles, la fortaleza dentro de ti *sí* puede continuar.

Algunas veces sólo quiero dejar todo y a todos tras de mí, irme a algún lugar remoto, sin distracciones ni tentaciones, y dedicarme completa y absolutamente a una sola empresa, sin reserva ni culpa, sin miedo al fracaso. Porque ahí es donde se encuentran las verdaderas lecciones. ¿Alguna vez lo has querido hacer? ¿Alguna vez te has preguntado cuál sería el resultado si lo hicieras? Yo he pensado en ir a esconderme a algún lado, como una cabaña en medio del bosque, y no hacer nada más que escribir y correr: 10 000 palabras y 200 kilómetros a la semana. Me pregunto qué clase de escritor, corredor y persona me volvería si lo hiciera.

Comprometerte con correr crea un hábito no sólo para correr, sino para todas las características que se requieren para que seas exitoso en las distintas áreas de tu vida, incluyendo disciplina, devoción y actitud. Requiere mucha disciplina y devoción salir a correr a pesar del clima, de tu estado de ánimo, de tus hijos o tu agenda. Y luego hacerlo otra vez al día siguiente. Y al siguiente. Y al siguiente. Cuando desarrollas esas habilidades, puedes aplicarlas a otras áreas de tu vida: tu trabajo, tu familia, tus relaciones personales. Cuando te entregas por completo a correr y a despejar las dudas que te detienen, la recompensa es extraordinaria, sin importar el tiempo que indique tu cronómetro.

Cuando pones tu corazón en correr, no sólo haces crecer tu corazón estructuralmente; crece metafóricamente. Cuando pones tu corazón en correr por el bien de la inversión emocional, tu corazón crece. Hay un valor tremendo en eso. Mejora tu corazón, y mejorarás como persona. Al correr, como en la vida, es sólo cuando hacemos una inversión emocional que experimentamos una gran recompensa. Correr se vuelve significativo. Empiezas a preocuparte más por tu desempeño como corredor y como persona. Si alguna vez te has comprometido física y emocionalmente a entrenar, sabes de lo que hablo. Así como correr hace que tus fibras musculares sean más resistentes a la fatiga y aumenten su habilidad para resistir un ritmo más veloz, así aumenta tu capacidad física y psicológica de perdurar.

Enfoque

En una carrera de 16 kilómetros hace poco pensé sobre las distracciones. La vida está llena de distracciones que desvían nuestra atención de lo que estamos haciendo y lo que queremos lograr. La mayoría de las situaciones que surgen en el día son distractores. Incluso mientras estoy sentado escribiendo este párrafo en una cafetería después de correr, hay una cantidad de distractores que me pueden alejar de escribir: una conversación en la mesa que está detrás de mí, una mujer atractiva leyendo *El alquimista* enfrente de mí, un bebé llorando a unos pasos de distancia, un mensaje de texto en mi teléfono. Todos se mezclan para alejar mis pensamientos de lo que hago. Luego están las distracciones que sí requieren una reacción de nuestra parte, las que realmente desvían nuestra atención y toman tiempo: los encargos que debemos hacer, la cena familiar que tenemos que preparar, la larga fila para renovar la licencia de manejo. Nos enganchamos en tantas minucias, que al final del día no hicimos mucho a pesar de tanto esfuerzo.

Perdemos el enfoque. La mayoría de nosotros tenemos metas, incluso si no queremos decirlas en voz alta, pero nos falta o perdemos el enfoque para alcanzarlas. Una de las razones por las que la gente no hace lo que quiere hacer es que pasa mucho tiempo atendiendo lo que cree que es urgente, incluso cuando no es una prioridad. Gastamos demasiado tiempo haciendo tareas que no llevan a ningún resultado. Lo urgente tiende a ser prioridad sobre lo importante. Eso no es un comportamiento efectivo, orientado a resultados. Si tienes un objetivo real y comprendes lo que es importante para ti, pronto descubrirás que no tienes problemas para incluir todo en tu agenda. Reconoce las distracciones en tu vida, lo que es urgente versus lo que es importante, y trabaja en poner límites a los distractores para que puedas lograr lo que quieres.

Cuando corro, me siento enfocado. Tal vez sea porque no hay distracciones que me eviten correr. Sin importar lo que suceda a mi alrededor o los encargos que tenga que hacer ese día, un pie sigue al otro. No me detengo. Comprometerte con ser un mejor corredor y con el entrenamiento diario que acompaña a esa meta te enseña a enfocarte. Correr me ha dado todo el enfoque que necesito para tener éxito en otras áreas de mi vida, y puede enseñarte a ti también. No te preocupes por el mañana. Mañana viene mañana. Enfócate en el hoy, en hacer hoy lo que puedes hacer hoy. Cuando corres, tu esfuerzo se dirige hacia algo productivo. Cada zancada te acerca de lo que quieres lograr. Yo siento que, si no logré hacer nada más ese día, al menos corrí. Y eso debe contar en algo.

La gente suele decir "todo pasa por una razón" o "cuando una puerta se cierra, otra se abre", o "no tenía que ser", o alguna otra versión de la misma idea. Yo me pregunto si eso es realmente cierto o si los humanos decimos esas cosas como mecanismo de superación, para sentirnos mejor cuando algo malo sucede, o en respuesta de un fracaso y un rechazo. ¿Todo sucede realmente por una razón, o algunas cosas son sólo al azar? ¿Las cosas suceden porque alguien más tomó una decisión? Cuando la gente toma una decisión diferente de la que te hubiera gustado, dando como resultado que no obtengas lo que quieres, ¿dices que no debía ser para superar esa decepción? ¿Los humanos intentamos convencernos a nosotros mismos de algo que puede no ser cierto?

Una de las cosas que me ha enseñado correr es que tenemos el control sobre algunas, pero no sobre todas las cosas. Tenemos control sobre si atamos las agujetas de los tenis y salimos a correr o no, y tenemos control sobre la cantidad de kilómetros que corremos antes de volver. Tenemos control, aunque a veces sólo un poco, para seguir a un corredor junto a nosotros en una carrera cuando aumenta su ritmo. Tenemos control sobre nuestro entrenamiento para volvernos mejores corredores. Pero no tenemos control sobre muchas enfermedades o lesiones que nos evitan correr. No tenemos control sobre el límite de nuestro desempeño al correr, el cual depende de nuestro ADN.

Parte de ser un corredor es tener la habilidad de dejar ir las cosas que no puedes controlar y enfocarte en las cosas que sí puedes. La verdad es que no sabemos realmente si algo debe ser o no. No hay forma de saberlo. Pero correr tiene una forma de centrarnos, de mantenernos enfocados, de llegar al fondo de lo que realmente importa.

Esfuerzo

Para muchas personas, correr parece tonto. Pones un pie enfrente del otro y corres hasta que ya no tengas ganas de hacerlo.

En nuestra sociedad sedentaria, impulsada por las redes sociales, la gente no lo hace. Manejamos a todas partes con GPS. Nos sentamos enfrente de una pantalla todo el día. Pero los corredores sabemos que hay más en la vida que la lógica, la tecnología y el Twitter. Sólo porque no necesitamos correr, no significa que no deberíamos hacerlo. Los corredores saben instintivamente esto. Comprenden, tal vez mejor que nadie, que el esfuerzo físico es el camino hacia una vida mejor, más satisfactoria.

Correr es una oportunidad de intentar, de hacer un esfuerzo. Ya sea que intentemos correr más lejos, más rápido, más lento o más inteligentemente, hay una oportunidad de intentarlo para cada tipo de corredor, desde el principiante, hasta el atleta olímpico. Si quieres convertirte en un mejor corredor, necesitas salir de tu zona de confort, física y emocionalmente, y hacer el esfuerzo que no has hecho antes.

Existen consecuencias para nuestro esfuerzo. Si intentamos más, tenemos más éxito. Y el éxito crea la motivación para intentar más, para tener más éxito. Como dicen muchos entrenadores y maestros, cosechas lo que siembras. Así es la vida. Las investigaciones demuestran que las personas que aprenden una habilidad física con la creencia de que el desempeño refleja la aptitud inherente, contrario al esfuerzo y a la práctica, muestran menos aumento en su autoestima. Para desarrollar la confianza en sí mismos, los individuos deben creer que su trabajo duro y su esfuerzo pueden llevarlos a perfeccionar sus habilidades. Es así que mis carreras diarias se vuelven algo con consecuencias. Cosecho lo que siembro. Y tú también.

Parece que es más fácil para la gente talentosa. Creemos que ellos no tienen que intentar triunfar. Siempre me ha interesado la gente talentosa. Me gusta estar con ellos, aprender de ellos, sentirme inspirado por ellos. Parece ridículo en la superficie. ¿Por qué debería interesarme más alguien sólo porque puede correr como Shalane Flanagan o puede cantar como Josh Groban? Después de todo, Shalane Flanagan puede correr rápido porque nació literalmente para correr rápido; sus padres eran corredores de élite. Si tus padres lo fueran, tú también serías un corredor de élite. Pero eso no es todo. El talento solo, mientras que es extremadamente importante, no es suficiente para que un corredor llegue a las olimpiadas o un cantante a Carnegie Hall. Una de las razones por las que entreno a corredores talentosos es porque tienen la voluntad de hacer lo que se necesite para lograr sus metas. No tienen pretextos y no flaquean. Practican. Mucho. Hacen sacrificios. Se enfocan en lo que necesitan hacer y lo hacen. Están dispuestos a *intentar*.

Motivación

Científicos de la Universidad de Loughborough les pidieron a 138 entrenadores y atletas de Reino Unido que llenaran un cuestionario para medir su satisfacción con el desempeño, la instrucción y la relación entre el entrenador y el atleta, para descubrir las fuerzas motivacionales en la satisfacción de los atletas y los entrenadores. También se le pidió a un atleta de cada uno de los entrenadores que participaron en el estudio, que llenara el cuestionario. Los científicos descubrieron que la motivación intrínseca —la motivación por factores internos— estaba relacionada con todas las facetas de la satisfacción del entrenador, mientras que la motivación extrínseca —la motivación por factores externos— sólo estaba relacionada con la satisfacción del entrenador en la relación entre el entrenador y el atleta. Asimismo, la satisfacción de los atletas con la relación entre el entrenador y el atleta estaba asociada sólo con la motivación intrínseca del entrenador. Los científicos también encontraron una interacción significativa entre los dos tipos de motivación, sugiriendo que la motivación extrínseca puede demeritar potencialmente la motivación intrínseca cuando ésta es baja. Otra investigación también descubrió que, cuando la gente no tiene un fuerte deseo interno de hacer algo, la motivación extrínseca afecta negativamente el resultado. En otras palabras, no corremos por la playera o la medalla, o para perder 3 kilogramos. No realmente, de todas formas.

Por ejemplo, los psicólogos dividieron a 72 escritores de la Universidad de Brandeis y de la Universidad de Boston en tres grupos y les pidieron que escribieran poesía. Después de escribir un poco, a los escritores se les dieron razones para escribir más. El primer grupo recibió una lista de razones extrínsecas para escribir, como querer impresionar a sus maestros, ganar dinero y entrar a un posgrado, y se les pidió que pensaran en su creación respecto a esas razones. El segundo grupo recibió una lista de razones intrínsecas para escribir, como el placer de jugar con las palabras y la satisfacción de autoexpresarse. Al tercer grupo no se le dio razones para escribir. Los psicólogos encontraron que los estudiantes con razones extrínsecas no sólo escribieron menos que los de los otros dos grupos, sino que la calidad de su trabajo disminuyó significativamente.

En otro estudio se dividió en dos grupos a niñas de quinto y sexto grado de primaria, y se les pidió que enseñaran a niños más pequeños. A un grupo se le prometió boletos gratis para el cine por enseñar bien, mientras que al otro grupo no se le ofreció recompensa. Los investigadores descubrieron que las tutoras que habían recibido la promesa de una recompensa eran mucho menos efectivas con los niños, tomando más tiempo para comunicar sus ideas, frustrándose más fácilmente y haciendo un mal trabajo, comparadas con las que no recibirían nada a cambio.

A pesar de lo mucho que brille tu medalla del maratón, colgada en tu pared, la recompensa intrínseca de correr siempre sobrepasará la extrínseca. Claro, a todos nos gustan las medallas, pero cuando la motivación, la razón, la disciplina y el deseo de correr y de ser un mejor corredor viene de dentro de ti, tienes una mejor oportunidad de tener éxito. Cuando eres *tú* lo que te mueve, el proceso y el esfuerzo significan mucho más. Se vuelve personal. Te importa lo que estás haciendo de una forma como nunca sucedería cuando la recompensa es extrínseca. Para volverte un mejor corredor, debes buscar razones intrínsecas para querer ser mejor.

Inspiración

Cuando empecé a correr en pista siendo niño, mi sueño era correr en las olimpiadas. Empecé como velocista, y recuerdo ver a Carl Lewis en televisión, en la Olimpiada de Los Ángeles, en 1984, repitiendo las cuatro medallas de oro que Jesse Owens ganara en la Olimpiada de Berlín, en 1936. Quería ser el siguiente Carl Lewis. Era tan rápido y tan fluido cuando corría que, después de verlo, rápidamente salí de la casa de mi mamá con mis picos Puma y mis tacos de salida de metal, e intenté correr a toda velocidad por la banqueta, desde la esquina de la calle, hasta el buzón, con las manos abiertas y los dedos estirados, así como Carl corría.

Cuando entré a la preparatoria, corrí a campo traviesa. Con los años, gradualmente pasé de las carreras de velocidad y a las de fondo, pero nunca perdí mi fascinación por la velocidad ni por Carl Lewis. No fue sino hasta que vi, desde la segunda fila cerca de la meta del estadio olímpico, al fondista etíope Haile Gebrselassie ganar la carrera de 10 000 metros en la Olimpiada de Atlanta, en 1996, al vencer al keniano Paul Tergat, que me di cuenta de lo rápido que podía correr un fondista flacucho de un país tercermundista después de haber corrido 9 900 metros. Estaba impresionado.

En algún momento entre el sexto de primaria y la realidad, se me ocurrió que no había nacido con ADN de nivel olímpico. No había podido elegir padres con una velocidad calibre olímpico. Así que nunca me convertí en el siguiente Carl Lewis ni en el siguiente Haile Gebrselassie ni en ningún corredor olímpico, a pesar de las múltiples veces que me vi ganando una medalla olímpica de oro en mi mente. No siempre tenemos lo que queremos.

La mayoría de ustedes, como yo, nunca será tan rápido o tan poderoso como Carl Lewis o Haile Gebrselassie, o ningún otro corredor de élite. Pero podemos sentirnos inspirados por ellos y todavía sacar un gran placer, goce y desafío de nuestras carreras, como ellos de las suyas, y todavía podemos buscar ser los mejores corredores que podemos ser.

La inspiración puede venir de mucha gente, no sólo de atletas olímpicos. Puede venir de un padre, de una pareja, de un maestro, de un entrenador, de un amigo, incluso de uno mismo. Puede ser tan ostentosa como ganar una medalla de oro en un escenario olímpico, o tan sutil como el gesto minúsculo que alguien hace cuando nadie lo ve. Sin importar de dónde venga esa inspiración, es sólo nuestra. A pesar de qué tan veloz o lento seas, correr es la salida perfecta para esa inspiración.

Pensamientos

El filósofo René Descartes escribió su famosa frase: "Pienso, luego existo". En francés, "Je pense, donc je suis", lo que después se publicó en latín para un público más amplio de académicos como, "Cogito, ergo sum", porque antes la gente en realidad hablaba latín. A pesar del lenguaje, lo que Descartes quiso decir, por supuesto, es que pensar sobre la existencia de uno mismo es prueba de que uno existe para pensar. Como Descartes mismo explicó: "No podemos dudar de nuestra existencia mientras dudamos...".

Si soy porque pienso, seguramente soy mejor porque corro. Correr es el mejor momento del día para correr, para volvernos nuestra mente. Los filósofos antiguos reconocían la diferencia entre mente y materia. Platón creía que la mente es la única realidad verdadera, la cosa de mayor valor, que las ideas estaban en la mente antes que en el cuerpo. Aristóteles creía que los dos estaban entrelazados. No puede haber materia sin mente, proponía, y no puede haber mente sin materia. Correr mezcla nuestra mente y nuestra materia, permitiéndonos pensar y volvernos nuestro pensamiento.

Cuando no corremos, nos enfocamos en lo cotidiano: asuntos de trabajo o tareas de la escuela, llevando a nuestros hijos al entrenamiento de futbol, cocinando la cena. Cuando corremos, podemos permitirle a nuestra mente vagar, dejando que los pensamientos vayan y vengan como instrumentos en una orquesta, eliminando los que no necesitamos y conservando los que queremos recordar. No llevo pluma y papel cuando corro, así que, si pienso en algo que quiero recordar, como algo que quiero incluir en este libro, repito la idea en mi cabeza varias veces o pienso en algo que me hará recordarla, para que pueda llegar a escribirla. Esas lluvias de ideas, la solución a un problema o una gran idea sobre la que quiero escribir son algunos de los mejores momentos cuando corro. Me emociono pensando que encontré una joya.

Como los estoicos griegos y los epicúreos creían, formamos ideas a partir de la manera en que percibimos nuestras experiencias y aprendemos de esas percepciones sensoriales. Correr a un ritmo que libere nuestra mente nos da la perfecta experiencia sensorial para pensar y desarrollar ideas. Nuestros pensamientos e ideas son soberbia y singularmente dependientes de cómo vemos los movimientos y las percepciones del mundo exterior. Un corredor en las planicies de África nunca puede tener los mismos pensamientos o ideas que un corredor en las calles de alguna ciudad de América. Un corredor en un lado de la calle nunca podrá tener los mismos pensamientos e ideas que un corredor del otro lado. Los pensamientos que tengas cuando corres son *tuyos*, nadie más puede tener esa misma experiencia de pensamiento porque nuestra experiencia y nuestra percepción sensorial nunca es la misma. Correr nos da el espacio para que las ideas se desarrollen, se manifiesten y crezcan, ofreciéndonos un espacio único para la libertad intelectual.

Todos tenemos un diálogo interno cuando corremos y cuando competimos. Intentamos convencernos de salir de la cama para correr o de que no estamos tan fatigados después de 34 kilómetros en un maratón, que una vuelta de 800 metros a la pista hará una diferencia en nuestro récord personal la próxima vez que compitamos, si podemos vencer al corredor que acaba de asomarse por nuestro hombro si nos quedamos junto a él. La verdad es que muchas veces podemos hacer más de lo que pensamos. Correr es una de las mejores formas para probar eso, a nosotros mismos y a todos los demás que puedan estar viendo. Muchas veces he entrenado a un corredor para que haga más repeticiones al final de su entrenamiento de intervalos, cuando cree que no puede más. Correr es tan objetivo, tan preciso, tan finito en su medida. ¿Puedo aumentar el ritmo ahora? ¿Puedo superar a ese corredor antes de llegar a la meta? ¿Puedo correr una repetición más y correr más rápido que la anterior? La respuesta es siempre sí o no. Podemos ver el resultado de nuestros pensamientos y nuestro diálogo interno. Podemos ver el resultado de nuestros actos. Y debemos vivir con ese resultado.

Cuando corro rápido, mi pensamiento y la forma como pienso cambian de cuando corro lento; me enfoco más en mi cuerpo, en el esfuerzo que imprimo y en cómo se siente. Algunos corredores tienen un pensamiento asociativo natural, se enfocan en la acción de correr y en la molestia de todo el esfuerzo. Otros corredores tienen un pensamiento disociativo natural, se enfocan en algo más para alejar a su mente del acto de correr y de la molestia. Siempre he sido un pensador asociativo. Durante una dura carrera de tempo, un entrenamiento de intervalos o una competencia, me voy hacia el interior. Mi atención se queda en el esfuerzo mismo. Pienso sobre lo que mi cuerpo está haciendo, el ritmo de mi respiración, la cadencia de mis piernas, el balanceo de mis brazos. Pienso sobre intentar saltar del suelo con cada zancada, como los kenianos, cuyos pies caen en el suelo como si estuvieran sobre carbón caliente.

Las investigaciones demuestran que no estoy solo en esta relación entre esfuerzo y pensamiento. Un estudio de la Universidad de Northumbria, en Reino Unido, examinó el efecto que correr a una intensidad alta y baja tiene sobre los pensamientos de los corredores —lo que los científicos llaman "diálogo interno"— y su relación con el rango de esfuerzo percibido (REP) de los corredores. Al correr a una baja intensidad (50 por ciento de la velocidad máxima) y un bajo REP, los pensamientos de los corredores eran disociativos, pensaban sobre cosas distintas de correr. Al correr a una intensidad alta (70 por ciento de la velocidad máxima) y un alto REP, los pensamientos de los corredores eran asociativos, pensaban sobre lo que su cuerpo estaba haciendo y el esfuerzo de correr. Los científicos concluyeron que el "diálogo interno" de un atleta depende de la intensidad y puede estar relacionado con la necesidad más urgente de monitorear sus cambios físicos y las sensaciones cuando corren a una intensidad alta.

Enfocarte en la molestia misma es una forma rara de pensar. No sé por qué pienso de esta manera. No intento hacerlo, sólo sucede. Dada la proclividad de los humanos hacia la supervivencia, uno pensaría que la tendencia natural sería enfocarse en otra cosa que no fuera la molestia. Conozco muchos corredores que piensan de forma disociativa y corren con música para alejar a su mente del esfuerzo de correr.

Solía entrenar a un recién egresado de universidad que me comentó sobre el hecho de que los mejores equipos universitarios de fondistas en Estados Unidos se encuentran en climas fríos. Él creía que esto era más que una coincidencia porque pensaba que correr en un clima frío, con nieve, hacía que los corredores fueran más fuertes. Cualquiera puede correr cuando el clima es agradable después de todo, pero se necesita ser un guerrero para imponerte a los elementos y correr afuera en un clima frío. No estoy seguro si concuerdo con que correr en frío te hace un mejor corredor, pero definitivamente requiere algo más que los climas templados no. Los corredores exitosos tienen una cierta resistencia en ellos, una disposición a estar molestos, a entrenar a pesar de las condiciones climáticas lejos de ser ideales. Mientras que esa resistencia, como ciertas características fisiológicas, es en general genética, puedes adquirir resistencia por medio de tu entrenamiento, conforme te vuelves más capaz de tolerar los altos grados de molestia física. Aunque correr lento cada día es fácil, no te limites para probar entrenamientos difíciles, incluso en la lluvia o en el frío, pues te ayudarán a desarrollar la fortaleza que necesitas para volverte un mejor corredor y manejar las dificultades de la vida.

En una competencia de atletismo reciente, estaba hablando con un corredor en sus cincuenta antes de empezar la carrera. Me dijo: "Después de todos estos años, todavía me pongo nervioso antes de cada carrera". Le sonreí y respondí, "Es porque sabes que será molesto". A lo que me dijo, "En gran parte".

Los corredores hacemos algo muy único, buscamos la molestia. Sin embargo, nos ponemos nerviosos y ansiosos por ella. Cada entrenamiento de intervalos y cada carrera son física e incluso emocionalmente molestos. Después de que llegas a cierto punto, ya sea con toda tu experiencia como corredor o en tu entrenamiento del martes, es todo lo que hay. Los corredores lidian con la molestia. Es nuestra moneda de cambio. La pregunta del millón de dólares es por qué lo hacemos. ¿Por qué nos ponemos en una posición en la que estaremos físicamente molestos, especialmente conociendo la ansiedad, el nerviosismo y los síntomas físicos que provocan? La mayoría de la gente vive su vida sin experimentar lo que eso se siente.

La respuesta, al menos para mí, es bastante larga, y es difícil que quienes no corran la comprendan. Algunas veces, incluso a mí me cuesta trabajo. Me recuerda lo que dijo Friedrich Nietzsche: "Quien tiene un *porqué* para vivir puede soportar casi cualquier *cómo*". La autoexploración, la completa y absoluta libertad del esfuerzo físico completo es mi *porqué*. Me hace sentir vivo. La ansiedad que precede a esa molestia me mantiene al límite, justo lo suficiente para hacerme consciente de mis pensamientos y mis sentimientos, para saber que soy humano, pero no tanto que incapacite mi habilidad para desempeñarme.

Aprendemos sobre nosotros mismos cuando estamos molestos. Una de las cosas que aprendí muy pronto en mi carrera como corredor es que correr te obliga a conocerte en formas que no lograrías de otra manera en tu vida. Durante esos momentos en cada carrera, en cada entrenamiento de intervalos, cuando es físicamente molesto, se nos presenta una pregunta: ¿Nos alejamos de la molestia del ritmo para que duela menos, o enfrentamos esa molestia con todo el valor que tenemos y la vencemos para lograr el resultado que queremos y aprender sobre nosotros de una forma única y extraordinaria? Nos preguntan concretamente: "¿Qué vas a hacer ahorita?". Pocas veces en nuestra vida estamos frente a una pregunta tan decisiva en un momento tan decisivo. Es muy revelador. Algunas veces descubrimos cosas sobre nosotros de las que podemos sentirnos inmensamente orgullosos. Estamos orgullosos de nosotros mismos por lidiar con la molestia de una forma positiva, por superar algo molesto y encontrar algo extraordinario. Otras veces descubrimos rasgos que son menos agradables, que no nos gusta admitir y que realmente no queremos saber. Es en esos momentos reveladores que aprendemos sobre cómo manejamos las situaciones difíciles. Para bien o para mal, llegamos a saber quiénes somos. Si fracasamos o nos decepcionamos, podemos hacer un pacto con nosotros mismos para manejar esas situaciones mejor la próxima vez. Cuando estoy en medio de un entrenamiento, muchas veces pienso sobre cómo me sentiré cuando termine, esa sensación de calma y orgullo que me empapa en los momentos siguientes, cuando disfruto de lo que acabo de terminar, cuando puedo mirar hacia atrás de la pista al salir del estadio y decir "hoy *yo* te vencí". Pero eso no es suficiente. Debo *ganarme* esa calma y ese orgullo. Como está escrito en el libro de los Romanos (5:3-5): "[...] nos regocijamos en nuestro sufrimiento, sabiendo que sufrir provoca resistencia, y que la resistencia provoca carácter, y que el carácter provoca esperanza".

Correr nos da la oportunidad de buscar la molestia para que podamos aprender a lidiar con ella, a superarla, y llenarnos de esperanza sobre nuestro futuro. Eso es en sí la vida. Como al correr, hay momentos en la vida que son difíciles y prueban nuestra determinación. Cuando enfrentamos problemas, cuando nos enfrentamos a un estrés intenso, ¿nos replegamos y nos escondemos bajo las cobijas, o enfrentamos el problema o el reto de frente?

El truco para correr, si es que existe alguno, es sentirte cómodo con la molestia. ¿Cómo lo logras? Al someter a tu cuerpo al entrenamiento. Al correr más kilómetros, al hacerlo más rápido, al impulsarte sólo un poco más en los últimos 4 kilómetros de tu carrera larga, al intentar sólo un poco más en esa penúltima repetición del entrenamiento de intervalos, en lugar de esperar que llegue la última vuelta. Los corredores aceptan que la carrera dolerá y la miran como un reto para poder volverse la gente valiente que quieren ser. Sé valiente en tu entrenamiento. El encuentro con la molestia es purificante. Nos permite probar la fuerza de nuestra voluntad al ponernos un obstáculo, y aprendemos hasta dónde tenemos el control sobre nosotros mismos.

Creer

No siempre amo todo sobre correr. Algunos entrenamientos son muy difíciles y prefiero no hacerlos. Las carreras largas de tempo y los entrenamientos de intervalos largos, como 800 metros o 1600 metros de repeticiones, siempre me han parecido difíciles. Pero los hago porque sé que me harán un mejor corredor. Siento orgullo cuando saco de mí ese entrenamiento y lo llevo a la pista o al camino. Paso de ser energía potencial (creo que puedo hacerlo) a ser energía cinética (lo estoy haciendo). Al final del entrenamiento, al final del día, de eso se trata correr: de volverte un mejor corredor y una mejor versión de ti, y no de tener miedo o evitar hacer algo que sea difícil. Podemos ganar fuerza de correr. Fuerza física. Fuerza emocional. Fuerza consciente. Fuerza espiritual. Pero debemos creer que es posible.

Muchas veces me digo a mí mismo, como sospecho que muchos corredores hacen, que la molestia de hacer un entrenamiento de intervalos o una carrera de tempo, o una carrera de 16 kilómetros en el calor, valdrá la pena cuando llegue el momento de estar en la línea de salida de una competencia. He corrido en climas muy cálidos y muy fríos muchas veces en mi vida y he entrenado duro incontables veces, y me pregunto "¿por qué lo hago?, ¿por qué correr bajo el sol abrasador?, ¿por qué exponerme a esta molestia todo el tiempo?". Por supuesto, ya sé la respuesta, antes de siquiera hacerme la pregunta: porque valdrá la pena. Los corredores corren los kilómetros bajo el sol y los intervalos en la pista porque creen que valdrá la pena. Nos decimos a nosotros mismos: "Hacerlo me ayudará cuando tenga que estar en la línea de salida".

Pero puede que no. No hay garantías después de todo. A pesar de los kilómetros bajo el sol o la lluvia o la nieve, a pesar de los pesados entrenamientos, a pesar de toda la molestia de entrenar, es posible que no veamos el resultado que perseguimos. Así es la vida. Nunca he sido tan veloz como quería ser, ni la mayoría de los corredores que conozco. Pero en esos momentos de molestia, creemos que vale la pena. Nos aferramos a esa creencia porque realmente es todo lo que tenemos. No sabemos qué pasará mañana, pero necesitamos creer que todo es posible.

El gran corredor británico Herb Elliott dijo después de ganar la medalla de oro y romper el récord olímpico de 1 500 metros: "Para correr un récord mundial debes tener la absoluta arrogancia de pensar que puedes correr una milla más rápido que nadie que haya vivido, y luego debes tener la absoluta humildad para hacerlo". Mientras que muy pocos de nosotros estamos en posición de establecer un récord mundial, todos debemos mantener ese equilibrio entre arrogancia y humildad. Cuando estás intentando lograr algo que nunca has hecho antes, ya sea correr un maratón, tener un negocio o escribir un libro, debes creer que eres mejor de lo que eres ahora. Ése es un paso por encima de la seguridad. Si quieres hacer algo que implique competir contra otros, como obtener el trabajo de tus sueños o ganar un premio, debes creer que eres mejor que todos los demás que aplicaron por el empleo o compiten por el premio. Y luego debes equilibrar esa arrogancia con la humildad de hacer el trabajo que lo valga.

Competencia

Recientemente, después de haber corrido 14 kilómetros de una distancia de 19, colina abajo, y estando solo, otro corredor con una pelusilla gris en la cara y una cola de caballo, al que ya se le notaba el kilometraje, se me acercó y me superó. Al principio, lo dejé pasar porque estaba corriendo tranquilo ese día. Luego, algo sucedió dentro de mí y cambié de opinión. Aceleré el paso y decidí seguirlo colina abajo. Más o menos 200 metros después de llegar a la base de la colina, ya corriendo en plano, lo pasé. Al principio se sintió bien, lo admito, usarlo como en la bajada y luego pasarlo, pero casi inmediatamente decidí saludarlo para que se acercara a mí y corriéramos juntos. Primero declinó.

"Estás corriendo demasiado rápido", me dijo entre respiraciones sonoras.

"Anda, nos ayudamos", le dije.

Cedió.

Durante los siguientes 2 kilómetros más o menos, corrimos lado a lado sobre el sendero lleno de ramas y hojas a un paso mucho mayor de lo que había estado corriendo un minuto antes. Y se sentía bien. Noté que tenía acento. Le pregunté de dónde era. "Irlanda", me contestó. Qué chistoso, pensé, pues era un día antes de San Patricio. ¿Una señal? Empecé a hablar con él.

"¿Cómo te llamas?", pregunté.

"Raymond."

"Mucho gusto, Raymond. Soy Jason".

"Mucho gusto, Jason".

Seguimos hablando durante casi los 2 kilómetros que corrimos juntos. Me contó que corre 8 kilómetros diarios en este sendero después de haber sido fumador durante más de 30 años. "Lo hago por mi salud", me dijo.

Di una vuelta para correr unos kilómetros más por mi cuenta en otro camino, cuando terminamos el trayecto de 8 kilómetros de Raymond. Le dije adiós a mi nuevo amigo irlandés con el rostro desaliñado y la cola de caballo, y pensé qué genial se había sentido acelerar el paso y recorrer el sendero con alguien que me impulsara, y cómo nos ayudamos el uno al otro para correr más rápido de lo que podíamos o de lo que habríamos hecho por nuestra cuenta.

Es difícil encontrar un corredor que no sea competitivo, aunque sea sólo consigo mismo. Cada corredor —desde los maratonistas de 2:04 hasta 5:04 horas, y los corredores de 1 500 metros de 4 hasta 8 minutos— quiere ir más rápido. Y se siente bien ganarle a alguien más. Pero también se siente bien cooperar. Y ése es el punto. Cuando ayudamos a otros, nos sentimos bien. Nos ayudamos a nosotros mismos. Darwin tenía razón después de todo. El comportamiento humano no es puramente altruista. Es inherentemente egoísta, pues la selección natural favorece el comportamiento egoísta para incrementar nuestro éxito reproductivo. No ayudamos a otros para ayudarlos a *ellos*. Los ayudamos para ayudarnos a *nosotros*.

A pesar del factor motivante tras mi razón para indicar a Raymond que acelerara el paso y corriera conmigo, ambos nos beneficiamos de eso. Quizá lo hice por mí, quizá lo hice por él. O tal vez lo hice por alguna razón que no tenía nada que ver con nosotros. No lo sé en realidad. Todo lo que sé es que sentí que era lo correcto en ese momento. Fue, en una palabra, divertido. La próxima vez que un corredor se te acerque, acelera el paso y corre con él. Ayúdense a lograr algo que ninguno de los dos podría o querría lograr por su cuenta.

Dondequiera que estés, Raymond de Irlanda, gracias. Me hiciste el día.

En marzo de 2001, estuve en el valle de Napa, en California, para una firma de libros y para hablar en la expo de carreras del maratón de Napa. Dos de los otros invitados eran el cuatro veces ganador del maratón de Nueva York y dos veces ganador del maratón de Boston, Bill Rodgers, y la medallista olímpica de oro en maratón Joan Benoit Samuelson. Ya conocía a Bill, pero era la primera vez que veía a Joan.

Todos nos estábamos quedando en una pintoresca posada entre los viñedos. Después de que terminara el evento, hice lo que cualquier corredor haría, les pedí que corrieran conmigo al día siguiente antes de irnos al aeropuerto para volar a casa. Bill dijo: "Claro". Joan no estaba tan segura, pero dijo que tal vez se nos uniría. Cuando me levanté a las 6:00 a.m., Bill ya me estaba esperando en el lobby, pero no había señales de Joan. No iba a tocar en la puerta de una medallista olímpica para insistir en que corriera con nosotros y no le iba a pedir a Bill que lo hiciera, así que nos fuimos y empezamos a correr. No habíamos corrido cinco minutos cuando escuchamos a alguien acercándose. Nos detuvimos para esperarla.

"¿Por qué se paran?", nos preguntó Joan, mientras seguía corriendo para tomar la delantera.

Seguimos corriendo juntos, más allá de los viñedos a ambos lados del camino, con Joan siempre un paso más adelante. Después de 7 kilómetros, decidimos que era momento de volver a la posada.

Cuando nos acercamos a la señal de tránsito que habíamos designado como nuestra marca para regresar, sentí que Joan iba a acelerar. Acababa de correr 32 kilómetros de maratón el día anterior como entrenamiento, pero yo podía sentir que iba a hacer algo. Ciertamente, tan pronto como dimos la vuelta, aceleró y mantuvo su paso durante los otros 7 kilómetros de vuelta a la posada, dejándonos a Bill y a mí decidiendo qué hacer. Así que aceleramos el ritmo también, por supuesto. Pasamos los siguientes 7 kilómetros recorriendo el solitario camino a través del hermoso valle de Napa, con el ligero aroma del vino mezclándose con los pinos. Dado que ha corrido en muchos lugares del mundo, le pregunté a Joan cuál era su lugar favorito para correr. "Aquí y ahora", me dijo.

Más tarde, después de bañarnos y desayunar, Bill y yo nos fuimos al aeropuerto. Joan se quedó en la posada porque su vuelo salía en la tarde. Cuando estábamos en el auto, hablando, me preguntó, "¿Notaste que Joan aceleró el ritmo?".

"No sólo lo noté, lo anticipé", respondí. Estaba muy orgulloso de mí mismo.

Sabía de la reputación competitiva de Joan. Y por supuesto Bill también la conocía. Él mismo es bastante competitivo, aun a sus 60 años. Uno debe ser un fiero competidor para ganar el maratón de Nueva York y el maratón de Boston cuatro veces. Y uno debe ser un fiero competidor para ganar el maratón olímpico, especialmente siendo el primer maratón olímpico que las mujeres corrían. Quien ganara esa carrera sentaría el precedente.

No importa tu nivel como corredor, necesitas la competencia con otros. Yo me volví mejor corredor ese día en un camino tranquilo de Napa gracias a Bill Rodgers y Joan Benoit Samuelson. Pero también porque algo instintivo me hizo querer competir. Nuestro verdadero competidor yace dentro de nosotros.

Destino

Tengo una amiga que piensa, como otros corredores intensos, que soy egocéntrico y elitista, que sólo pienso en correr, que nada más me importa y que si tú no corres, te juzgo como si fueras menos que alguien que sí lo hace. No es la única que piensa así. Lo que les molesta a muchas personas sobre los corredores es nuestra actitud casi arrogante de que somos de alguna manera mejores que los demás porque corremos, y que al correr estamos cumpliendo con alguna clase de destino de grandeza. Vemos como alguien inferior a quien no corre porque su ritmo cardiaco en reposo no es menor de 50 y como alguien complaciente de alguna manera porque no está dispuesto a presionarse físicamente para perseguir un mejor tiempo en el cronómetro. Nos preguntamos cuándo les va a dar un infarto.

No les toma mucho tiempo a quienes no corren darse cuenta de que los corredores, en efecto, son una raza diferente. Pasamos mucho tiempo reflexionando sobre nuestras carreras y sobre correr. Hablamos sobre récords personales y si nos sentimos bien o mal corriendo. Preparamos nuestra ropa la noche anterior a una carrera, como un niño de cinco años que se prepara para su primer día de escuela. Untamos una sustancia llamada Body Glide en nuestros pezones e ingles para evitar rozaduras en carreras largas. La mayoría de los corredores están un poco locos.

Los corredores tienen una obsesión con correr que rivaliza con la mayoría de sus otras obsesiones, tal vez porque los corredores realmente creen que están corriendo hacia lo que quieren ser, hacia alguna clase de panacea. Para mí, y sospecho que para muchos otros corredores también, correr reduce el espacio entre quién soy y quién puedo ser, entre mi realidad y mis aspiraciones. Si el Body Glide me ayuda a volverme la persona que aspiro ser, qué más da.

La gente debería hacer el ejercicio que le guste, mientras haga algo. La gente no *tiene* que correr. Me imagino que soy culpable de creer que, si la gente corriera, sus vidas —y el mundo— estarían mucho mejor. Realmente lo creo. Hay algo en la visión de los corredores sobre correr y sobre la vida —y sobre su búsqueda de significado en una carrera y en la vida— que los distingue de las demás personas que hacen ejercicio. Los problemas se resuelven corriendo. Correr nos promete la esperanza de un mejor futuro. Si los líderes políticos del mundo corrieran juntos en lugar de tener reuniones, y el resto del público los siguiera, el mundo, de hecho, sería un mejor lugar.

Con todo lo que he corrido a lo largo de los años, me han preguntado muchas veces de qué estoy huyendo. La gente, especialmente quienes no corren, parecen pensar que, dado que corro mucho, debo estar huyendo de algo. ¿Por qué entonces lo haría tan seguido? Su pregunta siempre me sorprende porque siempre me he visto como alguien que corre *hacia* algo. Qué es eso hacia lo que corro, no siempre lo sé. Sin embargo, generalmente es hacia algo más veloz. Éste fue el caso cuando era más joven y mis carreras más veloces estaban todavía en mi futuro. Siempre quise ir más rápido; era un reto emocionante. Con los años, y a través de diferentes fases de mi vida, ha cambiado hacia qué corro.

Últimamente, he estado corriendo de vuelta hacia mi juventud, persiguiendo los momentos de mi yo corredor más joven. Pero al estar en mis cuarenta, me doy cuenta con cierta reticencia que mis carreras más veloces quedaron atrás y debo encontrar un nuevo significado en correr. Todavía intento ir más rápido, estar siquiera al alcance de mis tiempos de juventud, pero ahora correr se trata de ir más rápido acorde a mi edad y a lo rápido que soy hoy, no respecto a los récords personales de cuando tenía 20 años. Es humillante por decir lo mínimo. Cuando compito ahora, no puedo evitar comparar mis tiempos con los que solía correr. Me molesta ser más lento que antes. Cuando tengo una mala carrera y no me siento en forma, me afecta negativamente. No me siento bien conmigo mismo. "¿Por qué me siento así?", me pregunto. "Sólo es correr". Al final, en el amplio horizonte de la vida, correr es sólo una actividad que elijo hacer. No debería definir mi valor personal. Sin embargo, lo hace, y me impacta *por qué*. Sospecho que otros corredores se sienten igual. ¿Son tan egocéntricos... soy *yo* tan egocéntrico, que no pueda sentirme bien si no corrí bien? ¿Éste ha sido mi destino todo el tiempo? Correr les da confianza a muchas personas. Es por lo que lo incluí como capítulo en este libro. Para mí, sin embargo, esa confianza muchas veces está ligada a lo rápido que corro, y ahora, a mis cuarenta, está atada a una comparación de lo rápido que solía correr y lo veloz que me sentía antes. Cuando corro rápido, cuando me *siento* veloz, se genera una poderosa confianza que penetra en todo lo que hago. Me siento en la cima del mundo. Comparto fotos en Facebook y en Instagram de mí corriendo e incluyo citas interesantes e inspiradoras para mis seguidores. De alguna manera, estar físicamente en forma y ser veloz influye en cómo me siento sobre mí mismo y en mi visión del mundo. Me da una sensación de logro. Para muchos de nosotros, nuestra confianza está íntimamente conectada con el ser físico porque vivimos a través de nuestro cuerpo. Así que, cuando corro más lento de lo que podía antes, cuando no me *siento* tan veloz, mi confianza flaquea. No comparto fotos en redes sociales y ni siquiera les digo a otros que estuve en una competencia. Siento que no logré nada. Me voy a casa solo y sobreanalizo lo que sucedió. Quiero que me dejen solo.

Por supuesto, puedo elegir sentir confianza o no. La confianza de una persona no debería estar atada a qué tan veloz es en una carrera. No estamos destinados a dejar que las cosas triviales definan quiénes somos. El hecho de que lo hagamos muy seguido revela un fallo en nuestro diseño. O puede revelar una de las características más interesantes que distinguen a los humanos de otros animales: la necesidad de ser *mejores*. Sin importar qué tan veloces o qué tan lentos seamos hoy, todos tenemos la capacidad de decidir intentarlo más, ser mejores mañana, para cambiar nuestro destino. Por eso los corredores son tan especiales, porque tenemos una forma agudamente medible para saber dónde estamos ahora, y tomamos la decisión de intentar ser mejores mañana. Cada corredor —ya sea que tenga 25 años y un récord mundial, o tenga 85 años y termine la carrera al último— quiere ir más rápido, quiere buscar una mejor versión de sí mismo. Ése es nuestro destino.

Pero no es tan simple. No puedo decir que corro sólo porque quiero ir más rápido. Es cierto, pero no es la única razón. No es lo que me hace salir a correr todos los días. Supongo, cuando lo pienso mucho, que *sí* estoy corriendo para huir de algo. Huyo de volverme la persona que *no* quiero ser. No quiero ser ese tipo flojo, con sobrepeso, fuera de forma, que se sienta en su reposet o en el banco de un bar de deportes, y ve futbol todo el domingo con una camiseta. No quiero ser el tipo de mediana edad que se ve al espejo y se pregunta dónde quedó el atleta guapo que era en la preparatoria, decidiendo correr un maratón para curar su crisis existencial. No quiero ser la persona que elige el camino fácil y nunca se reta a sí mismo. No quiero ser la persona que lleva una vida ordinaria. Así que, corro para huir de ello. De todo eso. Huyo de volverme flojo. Huyo de la culpa de no correr. Huyo de una mala carrera que tuve el fin de semana pasado. Huyo de volverme normal y ordinario. Huyo de todas las cosas que no me gustan de mí mismo. Huyo de la complacencia.

Todos tenemos cosas hacia las que corremos y de las que huimos. He conocido corredores que corren hacia la vida, hacia la libertad, hacia la salud, hacia la amistad, el amor y la felicidad. Y he conocido corredores que huyen de la obesidad, de la familia, de las relaciones, del divorcio, de las drogas, la depresión, la enfermedad cardiaca y el cáncer. Cuando corremos, nos liberamos de todo eso. Estamos libres de ataduras, de lo que nos detiene, de lo que nos humilla. Correr nos ayuda a superar la tragedia, la decepción, la frustración, la tristeza, todos los sentimientos negativos que nos impiden tener una vida feliz y satisfactoria. No importa si son miles de personas corriendo 42 kilómetros por las calles de Boston por una meta en común, o sólo tú corriendo 5 kilómetros alrededor tu colonia antes de ir a trabajar, a una mayor y pública escala, o a una menor y personal, correr nos da esperanzas para el futuro. ¿De qué huyes *tú*? ¿Hacia qué corres *tú*?

Potencial

Hace algunos años tuve una conversación con una corredora después de que acabara de correr un medio maratón. Me dijo que estaba decepcionada con su tiempo. No muy lejos de nosotros estaba la corredora que ganó la carrera, sus piernas largas y esculpidas brillando en el sol mientras comía un plátano. La corredora con la que estaba hablando señaló a la ganadora y comentó exasperada: "¿Por qué yo no puedo correr tan rápido como ella?". Es una pregunta que muchos corredores se hacen. Incluyéndome.

"Porque tú no tienes sus padres", le respondí. Tal vez no era lo mejor que un entrenador podía decir en ese momento, aunque fuera verdad.

203

Una de las lecciones más difíciles que he aprendido sobre correr es que no deberíamos compararnos con otros corredores. Los corredores lo hacen todo el tiempo. Es demasiado fácil hacerlo. Yo lo he hecho toda mi vida. Cada vez que corres, habrá otros corredores que te ganen. Sólo una persona gana. Ni siquiera tiene que ser el ganador con quien nos comparemos. Puede ser el tipo de tu grupo de corredores local o tu novia, que viaja contigo a todas las carreras. Cuando corres con otras personas, no te toma mucho tiempo notar que algunos corredores son claramente más veloces que otros. No todos somos iguales. Así que es muy fácil decir: "Quisiera ser tan veloz como él o ella", pero a menos de que tengas los mismos padres y, por ende, el mismo ADN, que ese otro corredor, sólo es autodestructivo compararte. El problema de la comparación es exclusivo de los humanos. Sólo nosotros nos comparamos con otros miembros de nuestra especie. Los guepardos no se dicen: "Quisiera ser tan rápido como ese guepardo de ahí en mi grupo de corredores". Los guepardos no saben cómo compararse. Sólo corren.

La gente me pregunta por qué me encanta ser entrenador. La respuesta superficial, aunque cierta, es que me encanta aplicar la ciencia de tal forma, que ayude a los corredores a ser más veloces y lograr sus metas. La respuesta más profunda y más difícil de articular es que me llena por dentro ayudar a un corredor a desempeñarse como antes no podía o pensaba que era imposible. Ya sea que esté entrenando a un principiante que apenas aprende a correr, a una corredora para mejorar su récord personal en su siguiente maratón, a un joven de preparatoria para romper su tiempo de 5 minutos en 1 600 metros o a un corredor de élite para calificar a las olimpiadas, siento una profunda satisfacción en el proceso. Cuando estoy cerca de la línea de salida en las carreras de mis corredores, siento la misma emoción nerviosa que si yo fuera a correr. Ha habido muchas veces en las que me ha sobrepasado la emoción al ver a mis atletas correr y verlos alcanzar todo su potencial.

Ser un corredor no se trata sólo de correr más rápido. Después de todo, tenemos límites para qué tan buenos corredores podemos ser. Esos límites están señalados por tu ADN, y hay poco que puedas hacer al respecto. Lo importante no es qué tan veloces nos volvemos, sino qué tan cerca de nuestro potencial podemos llegar, pues es en esa persecución constante de nuestra grandeza individual donde se encuentra el verdadero valor. Las lecciones que aprendes sobre ti mismo, la habilidad de enfrentar tus miedos y tus esperanzas, y el acto de *intentar* mejorar son de lo que se trata correr. Es lo que te hace salir a las 6:00 a.m., antes de irte a la oficina. Es lo que te hace acostarte temprano el sábado en la noche para que puedas correr mucho el domingo en la mañana. Es lo que te hace buscar los mejores restaurantes italianos cuando viajas para que puedas cargar combustible para tus carreras. Es lo que te hace reír frente a la palabra *fartlek*.

Los corredores siempre están en proceso. Siempre estamos preparándonos para una carrera, siempre estamos entrenando para algo más grande que nosotros mismos, involucrados no sólo en dar el ancho, sino en valer mucho más.

Así que, sólo corre. Usa a los corredores más veloces como inspiración, para ayudarte a trabajar más duro y ser mejor, pero no te compares con ellos. Compárate *contigo* mismo e intenta ser mejor mañana y la próxima semana, y el próximo mes y el próximo año, de lo que eres hoy. Alcanza tu potencial. Si te ves en el espejo y puedes decir que estás haciendo todo lo posible por ser mejor, entonces has tenido éxito. Sólo podemos ser tan veloces como nuestro ADN lo permita. De lo que puedes estar orgulloso es de hacer todo lo posible por alcanzar el potencial de tu genética.

Riesgo

He estado hablando con una corredora talentosa en San Diego, donde vivo, durante un par de años sobre entrenar conmigo. Le ha dado vueltas, pero no se decide. Parte de lo que le hace dudar, dice, es lo económico, pues no puede costear contratar a un entrenador. Pero incluso cuando le he ofrecido entrenarla pro bono, dado que tiene mucho potencial, todavía no se decide. Me dijo que tiene miedo de fallar.

Los humanos tenemos un mal hábito. Nos metemos el pie solos. Percibimos obstáculos externos que nos impiden lograr nuestros sueños. Dejamos que nuestros miedos, nuestra falta de fe, nuestros pensamientos y nuestras emociones controlen nuestras acciones. Pero suelen ser los obstáculos dentro de nosotros los que suelen evitar que alcancemos todo nuestro potencial. Muchos nos paramos en seco en la búsqueda de nuestros sueños o para concluir algo porque tenemos miedo de fracasar. Con grandes éxitos vienen mayores expectativas, y luego, ¿qué tal que no somos lo suficientemente buenos para cumplir esas expectativas? Se ha vuelto demasiado fácil en nuestra sociedad contentarnos con algo y mantener el *statu quo*. ¿Y por qué no ser complacientes? Cuando todos reciben una medalla al final de una carrera, sin importar el lugar o el tiempo, parece que todos son ganadores en estos días. Premiamos la mediocridad en lugar de retar e inspirar a la gente a que sea mejor.

Como emprendedor, paso mucho tiempo pensando en el proceso del logro. Siempre me he sentido atraído por gente con talento, pero incluso más por gente que está dispuesta a comprometerse completamente a hacer lo que sea necesario para lograr lo que quiere, sin importar el riesgo de fallar que pueda haber.

Correr tiene un riesgo inherente. Es demasiado objetivo para que no sea así. Terminas el maratón o no. Corres más rápido o no. El cronómetro no miente. No podemos ir por la vida llorando porque derramamos la leche de almendra, deseando ser alguien que no somos. Es fácil decir: "Si tan sólo pudiera hacer esto" o "Si tan sólo pudiera hacer aquello". Algunos somos corredores más veloces que otros. Algunos somos más listos que otros. Algunos somos más guapos que otros. Ni modo. Somos quienes somos, y debemos aceptar eso e intentar ser mejores mañana. Es lo único que podemos exigirnos.

Mientras exista la probabilidad de fracasar, la gente tomará riesgos porque ésta hace que el éxito sepa todavía más dulce. Una carrera nos recuerda lo que dijo el poeta T. S. Eliot: "Sólo quienes se arriesgan a ir muy lejos pueden descubrir qué tan lejos se puede ir". Así que arriésgate un poco. Saca fuerza e ímpetu de tus carreras para ayudarte a superar esos riesgos. Cuando cruzas tu puerta cada día para salir a correr, recuerda quién quieres ser y lo que quieres lograr. Usa cada carrera y cada entrenamiento para ayudarte a ser esa persona, y lograr esos objetivos. Comprométete a correr y comprométete a convertirte en una mejor persona. Si quieres algo que nunca has tenido, debes hacer algo que nunca has hecho.

El compromiso de ser un mejor corredor es toda una lección para el éxito, no sólo para correr, sino para *todo*. Cada carrera presenta una experiencia diferente, un reto diferente, una oportunidad diferente de lograr algo ese día. Correr te pide algo que rara vez te han pedido. Y si enfrentas ese reto con todo lo que tienes, te sorprenderá lo que puedes aprender sobre ti mismo y lo que se necesita para ver hacia tu interior y convertirte en la persona que quieres ser. Correr tiene el poder, si lo dejas, de volverte mejor persona. Correr te da una oportunidad de descubrir y retarte a ti mismo, y al hacerlo, de convertirte en una persona mejor de la que ya eres.

El reto

Con toda la tecnología, las comodidades y los excesos que tenemos en nuestra cultura occidental, podemos pasar por la mayor parte de nuestra vida y nunca descubrir qué tanto podemos soportar, qué tanto podemos resistir, qué tanto podemos manejar. La vida es considerablemente fácil, y se está volviendo cada vez más fácil con cada generación. Las comodidades de la vida se están volviendo más cómodas. Pronto tendremos robots que hagan todo por nosotros. No tendremos que volver a levantar un dedo, mucho menos las piernas.

En lo que inicialmente puede parecer a pequeña escala por su naturaleza tan simple, correr nos puede enseñar qué tanto podemos presionarnos y qué tanto podemos soportar. Pero cuando miramos con más detalle, nos damos cuenta de que no es a tan pequeña escala después de todo. Es en realidad a gran escala, y en parte porque las lecciones son tan directas, tan accesibles, que tenemos la oportunidad de aprender esto sobre nosotros en cualquier fin de semana que nos apuntemos para una carrera. De forma deliberada, podemos encontrar qué tanto podemos soportar simplemente al ponernos los tenis y salir. No tenemos que esperar a que la tragedia pruebe nuestra resolución, para que la enfermedad o un accidente nos ocurra o a un ser querido. Todo lo que tenemos que hacer es correr. Lo buscamos, en lugar de esperar a que se nos inflija. Es nuestro. Asumimos la responsabilidad, y ahí yace la diferencia clave. Correr puede probar y revelar nuestra resolución, nuestro valor, nuestra resistencia, y tenemos la opción de aprender qué tan lejos podemos llegar, qué tanto podemos aguantar y con qué podemos lidiar. Podemos conquistar la cobardía en nosotros.

Si pasabas cerca de la alberca del Colegio Peddie entre 1989 y 1990, habrías pensado que estabas en la sesión de práctica del equipo olímpico de Estado Unidos. La intensidad y el enfoque eran palpables. Y es posible que escucharas a Chris Martin, el entrenador del equipo de natación, decirle a B. J. (Bedford) Miller y al resto de sus nadadores: "Si no duele, no lo están haciendo bien". Los buenos entrenadores muchas veces saben exactamente qué decir.

Si haces correctamente los entrenamientos de intervalos y las carreras, inherentemente incluyen molestia. Lo que vuelve diferente a los nadadores del Colegio Peddie, en el pequeño pueblo de Hightstown, no es sólo el olor a cloro en su cabello y su inmenso talento, sino que buscan esa molestia cada día en la alberca porque quieren ser los mejores nadadores del mundo.

"El entrenador Martin sacó lo mejor de nosotros al impulsarnos mucho más lejos de lo que creíamos posible llegar", dice ahora B. J., nostálgicamente, 25 años después. "Tenía grandes expectativas y ninguno de nosotros quería decepcionarlo. Descubrió cómo motivarnos a cada uno, ya fuera gritando o persuadiendo, o lo que fuera necesario".

"El entrenamiento era duro. Algunos de los entrenamientos más pesados que he hecho. Quizá, los más pesados, aunque los entrenamientos que hice después eran diferentes. Perfeccionamos más después, pero lo que el entrenador Martin nos dio fue la base para ser grandiosos. Siempre digo que Peddie es un buen lugar de dónde venir. Mientras estuve ahí sufrí mucho, pero estar ahí cambió mi vida. Al final de la temporada podía pararme en la plataforma de salida y saber que no había un alma ahí que hubiera trabajado más duro que yo. Hay mucho en eso. Al final, el entrenador Martin me dio unos hombros donde pararme para logar mis sueños, y esos hombros resultaron ser los míos".

La mayoría de nosotros no puede ser el mejor del mundo en algo. Pocas personas ganan medallas olímpicas de oro como mis talentosos compañeros de preparatoria, con su olor a cloro. Pero podemos luchar por ser mejores que ayer. Y podemos poner nuestro corazón en algo para ver en quién podemos convertirnos, a pesar del miedo al fracaso. Todos tenemos hombros más fuertes de lo que pensamos. Correr nos da la oportunidad de pararnos en ellos. Correr nos enseña que somos mejores de lo que pensamos y que somos capaces de ir más allá de lo que creímos posible... al correr y en la vida. Sólo eso vale el precio de suficientes pares de tenis para correr durante toda la vida.

Así que, corre. Corre seguido. Corre lentamente o corre rápido. Corre 2 kilómetros o 42 kilómetros. Corre a un ritmo de 14 minutos los 1 600 metros o a un ritmo de 4 minutos. Corre continuamente durante 30 minutos o alterna entre correr y caminar durante 5 minutos. Corre para ser creativo. Corre para ser imaginativo. Corre para ser productivo. Corre para tener confianza. Corre para hacer amigos. Corre para estar sano. Sólo corre. Y durante esas carreras lentas y rápidas, cortas y largas, descubrirás al corredor que llevas dentro, y al hacerlo, descubrirás quién eres y quién puedes llegar a ser. Crearás un mundo de magia dentro de ti, y cuando eso suceda, el mundo —y tú— estará lleno de posibilidades.

SOBRE EL AUTOR

Corredor desde los 11 años y filósofo desde los 12, el doctor Jason Karp es uno de los expertos en atletismo más importantes de Estados Unidos, emprendedor y creador de la certificación Revo2lution Running®. Es dueño de Run-Fit, el principal proveedor de servicios innovadores de carrera y acondicionamiento.

Se han publicado numerosos artículos sobre él, y en 2011 recibió el premio IDEA —el premio más destacado de la industria del ejercicio— como entrenador personal del año, así como en 2014 recibió el premio al liderazgo de la comunidad en acondicionamiento, deportes y nutrición del consejo presidencial.

El doctor Karp ha dado docenas de conferencias en el extranjero y ha sido orador invitado en la mayoría de las principales conferencias sobre acondicionamiento del mundo, incluyendo la convención de acondicionamiento de Asia, la expo de salud y bienestar de Indonesia, la convención de acondicionamiento de FILEX, la convención de la Asociación de Entrenadores de Atletismo y Campo Traviesa de Estados Unidos, la conferencia del Colegio Americano de Medicina del Deporte, la convención mundial de acondicionamiento de IDEA, la conferencia de la Asociación Nacional de Fuerza y Acondicionamiento, y la CanFitPro, entre otras.

Ha certificado a entrenadores de atletismo de Estados Unidos del más alto nivel, y ha dirigido campamentos para entrenadores en el Centro de Entrenamiento Olímpico de Estados Unidos.

Como escritor prolífico, Jason ha publicado más de 200 artículos en diversas revistas internacionales de entrenamiento, atletismo y acondicionamiento, incluyendo *Track Coach, Techniques for Track & Field and Cross Country, New Studies in Athletics, Runner's World, Running Times, Women's Running, Marathon & Beyond, IDEA Fitness Journal, Oxygen, SELF, Shape* y *Active.com*, entre otras. También es autor de otros cinco libros: *Running a Marathon for Dummies, Running for Women, 101 Winning Racing Strategies for Runners, 101 Developmental Concepts & Workouts for Cross Country Runners* y *How to Survive Your PhD*, además de ser editor de la sexta edición de *Track & Field Omnibook*.

A los 24 años, el doctor Karp se convirtió en uno de los entrenadores universitarios más jóvenes del país al llevar al equipo de mujeres de campo traviesa de la Universidad de la Corte Georgiana hasta el campeonato regional, por lo que se le honró como entrenador regional del año en el noreste por la Asociación Nacional de Atletismo Intercolegial. También ha entrenado a nivel preparatoria en pista y campo traviesa.

Como entrenador personal ha trabajado con una gran variedad de clientes, desde atletas de élite, hasta pacientes en rehabilitación por problemas cardiacos. Como entrenador privado ha ayudado a muchos corredores para alcanzar su potencial, desde un principiante en su primera carrera, hasta un atleta de élite calificando para las olimpiadas.

Al ser un corredor competitivo desde sexto de primaria, el doctor Karp es un entrenador certificado nacionalmente en atletismo, patrocinado por PowerBar y Brooks. Además, fue miembro del equipo profesional de medio maratón de Estados Unidos en los juegos Maccabiah, en Israel, donde ganaron la medalla de plata.

El doctor Karp recibió su doctorado en fisiología del ejercicio, con una segunda carrera en fisiología, de la Universidad de Indiana, en 2007; su maestría en kinesiología de la Universidad de Calgary, en 1997, y su título de licenciatura en la ciencia del ejercicio y el deporte, con una segunda carrera en literatura, de la Universidad de Pensilvania, en 1995. Su investigación se ha publicado en las revistas de ciencias *Medicine & Science in Sports & Exercise*, *International Journal of Sport Nutrition and Exercise Metabolism*, e *International Journal of Sports Physiology and Performance*.

AGRADECIMIENTOS

Este libro, cuyo tema ha estado en mi cabeza desde que empecé a correr, no se habría vuelto realidad sin el apoyo de muchas personas, principalmente mi agente, Grace Freedson. Le agradezco el comprender mi ambición y mi loca persistencia, y el darme la oportunidad de compartir mis pensamientos y mi profunda pasión con el mundo.

También le agradezco al equipo de Skyhorse, incluyendo a Bill Wolfsthal, Julie Ganz y Brittney Soldano, y al diseñador de la portada original, Tom Lau; a todos los corredores que he conocido, con quienes he corrido o a quienes he entrenado con los años, quienes me enseñaron mucho sobre el deporte y la vida del corredor; a Jennifer Zerling por confirmar la idea de escribir este libro, y a la gente que ha compartido sus impresionantes e inspiradoras historias, incluyendo a B. J. (Bedford) Miller, Ronnie Goodman, Walter Herzog, Cody Johnson, Kristin Stehly y Sabrina Walker. Este libro es aún mejor por su contribución. Cada uno, de diferente forma, ha encarnado lo que es realmente el corredor que llevamos dentro, y este mundo es un lugar mejor gracias a ellos.

Finalmente, le agradezco al mejor escritor que conozco, mi hermano gemelo, Jack, por su honesta opinión del primer borrador de este manuscrito y por inspirarme a ver mi libro como una obra de arte y a hacer más con mi narrativa que sólo contar una historia.